equipamiento
para
tod⬆s

NIVEL 2 seguridad

ESTE LIBRO PERTENECE A: _____

equipamiento para todos

Serie de enseñanza y entrenamiento

NIVEL 2 seguridad

NIKHOS IDEAS

IDEAS QUE TRANSFORMAN GENTE

www.nikhosideas.org

© 2015 **Nikhos Ideas, Inc.**
14850 SW 26th Street, Suite 109
Miami, Florida 33185
Tel: (305) 408-7298
Fax: (786) 533-3124
www.nikhosideas.org

Este es un libro producido por:
Nikhos Editorial y **Nikhos Art**
(Divisiones de Nikhos Ideas, Inc.)

Corrección: Marta Cipolla
Edición: Raquel Delgado
Corrección Final: Mariel Cipolla

Diseñador de 3D: Juan González
Diseño de Portada e Interior: Horacio Ciccia

ISBN # 978-1-955588-06-5

E-ISBN # 978-1-955588-07-2

2ª Edición

PRÓLOGO
A TODA LA SERIE

Equipamiento para todos se escribió con el propósito de fundamentar a la Iglesia, a fin de que sea perfeccionada hasta llegar a tener la madurez perfecta de Jesucristo. Es una serie de enseñanza y entrenamiento distribuida en siete libros. Para un mejor entendimiento, cada libro contiene un nivel de enseñanza que desarrolla temas afines en una secuencia progresiva.

La versión de la Biblia utilizada para el desarrollo y las preguntas de esta serie de enseñanza y entrenamiento ha sido la Nueva Versión Internacional, salvo en aquellos casos en que se indiquen otras versiones. Para trabajar con este material es importante que utilices la versión mencionada anteriormente.

Sería imposible construir un edificio consistente y seguro sin cimientos adecuados que lo sustenten. Es por esta razón que en los siete niveles que conforman *Equipamiento para todos* se colocan bases firmes para que la Iglesia sea edificada sólidamente.

El objetivo de *Equipamiento para todos* no es el estudio de la Biblia, sino que cada creyente pueda nutrirse del espíritu y la vida contenidos en la Palabra de Dios.

Equipamiento para todos tiene la particularidad de ser *profundo en su contenido y sencillo en su desarrollo.*

Los autores

INTRODUCCIÓN

El paso del tiempo trajo consigo la transformación de muchas ideas y diversos conceptos que en el pasado se entendían de una manera y en el presente se entienden de otra. En algunos casos, los cambios fueron positivos y productivos, pero en muchos otros, trajeron una deformación de conceptos que nunca debieron cambiar.

Cuando la mayoría de la gente pasa por un edificio con aspecto religioso, ¿qué es lo que piensa? Que es una iglesia. Sin embargo, las personas que vivieron en el primer siglo de la era cristiana jamás habrían relacionado a la Iglesia con un edificio. Para ellos, la Iglesia era la cantidad creciente de seguidores de Cristo, que habían sido transformados por la obra del Hijo de Dios, y unidos por su sangre.

¿Cuál es la idea de reino que tiene la mayoría de las personas? Muy probablemente la de un castillo lujoso y una familia muy distinguida, con vestimenta impecable, que tiene algunas decenas de problemas internos, pero siempre muestra una imagen de estabilidad, elegancia y honorabilidad. Si le preguntáramos a una persona que vivió en tiempos en los que no existía la democracia, diría que un reino es la autoridad soberana y el gobierno absoluto de un rey sobre un territorio.

¿Qué imagen tiene la gente sobre la autoridad en la actualidad? Seguramente la de gobernantes corruptos, leyes injustas y personas que se arrogan un derecho que nadie les otorgó. Bajo estas condiciones, nadie quiere sujetarse. Además, hoy en día las personas se sujetan o no según su manera de pensar, de acuerdo con su parecer y por conveniencia. La gente de antaño aprendía y enseñaba a honrar, respetar y sujetarse a la autoridad. Consideraban la autoridad como una posición de honra otorgada a alguien a quien los demás debían respetar, sin interponer ningún juicio personal.

Si bien es cierto los conceptos e ideas han ido cambiando a través de los siglos, los principios expresados en este libro no están sujetos a los cambios que impone la sociedad, porque fueron creados y establecidos por Dios. Quien se considere un discípulo de Jesucristo, vivirá por estos principios divinos en cualquier época.

Te presentamos *Equipamiento para todos, Nivel 2*; en él se desarrollan temas como *la Iglesia de Cristo, el Reino de Dios* y *la autoridad*. Vivirás horas apasionantes, y a medida que transcurran los días irás descubriendo que el Señor te ha equipado para darte *seguridad*.

Seguridad por ser miembro particular del cuerpo de Cristo.
Seguridad por ser un ciudadano del Reino de Dios.
Seguridad por estar contenido, amparado y protegido por la autoridad.
Seguridad por practicar la sumisión que te habilita a ejercer autoridad.

Sin más que agregar, te animamos a trabajar; dedica tiempo a investigar la Palabra y a ser iluminado por ella.

Es un verdadero privilegio dedicar este trabajo al Señor y a todo el cuerpo de Cristo.

ESPOSA ETERNA

Una de las decisiones más trascendentes del ser humano es la de establecer un matrimonio y formar un hogar. El pacto matrimonial entre un varón y una mujer es tan relevante, que es uno de los pocos actos que se confirma con un elemento visible, como el anillo matrimonial o alianza, que se usa de por vida. Ese anillo se distingue por ser una circunferencia perfecta que no tiene principio ni fin, representando así, el amor comprometido que la pareja se promete hasta que la muerte los separe.

Mientras que la unión entre un varón y una mujer está ratificada por unos anillos, la unión entre Cristo y su Iglesia está sellada por un sacrificio: la entrega de Jesús en la cruz. El Señor valoró de tal manera su compromiso con la Iglesia, que derramó su propia sangre para hacer un pacto eterno con ella.

NOVIA Y ESPOSA

a. Apocalipsis 19:7 y 22:17 _____

b. Apocalipsis 21:9 _____

c. Colosenses 1:24 _____

¡A trabajar!

1.
Escribe cada uno de los nombres con los que se denomina a la Iglesia, según los pasajes citados.

En el Nuevo Testamento se menciona la posición de honor que Dios le da a la Iglesia, a través de expresiones como *la novia, la esposa del Cordero,* y *el cuerpo de Cristo*. Parece extraño que a la Iglesia se la llame novia y esposa al mismo tiempo. Sin embargo, existe una razón fundamental por la cual ambos términos se utilizan de esta manera en las Escrituras.

El modelo de unión entre un varón y una mujer registrado en la Biblia y practicado por los judíos, demuestra que el concepto de noviazgo era diferente y mucho más serio que en la actualidad. Para dar inicio al noviazgo, la pareja realizaba un compromiso en el cual pronunciaba sus votos matrimoniales ante testigos. A partir de ese día, el novio y la novia eran considerados legalmente esposos, aunque no estaban autorizados a vivir juntos. Luego de este acto, el novio dedicaba tiempo a preparar la casa donde vivirían como pareja. Una vez terminada esta tarea, se realizaba la fiesta de bodas, donde el matrimonio era consumado.

Con base en este ejemplo, puedes entender la razón por la cual se menciona en la Biblia que la Iglesia es la novia y la esposa de Cristo.

> EN LA PALABRA, A LA IGLESIA SE LA DENOMINA NOVIA, ESPOSA DEL CORDERO Y CUERPO DE CRISTO.

DEFINIENDO A LA IGLESIA

La palabra *iglesia* es la traducción al español del vocablo griego 'ekklesia', que significa, literalmente, *llamar fuera*. Esta expresión era usada en Grecia para referirse a una asamblea o grupo de ciudadanos que eran *llamados fuera* de sus ocupaciones habituales para considerar asuntos de estado (ver Hechos 19:39). Esta palabra también es empleada en el texto bíblico para señalar a una multitud pagana en Éfeso (ver Hechos 19:32). Esteban usó esta expresión para describir a Israel como una asamblea (ekklesia) en el desierto (ver Hechos 7:38). Jesús utilizó la misma palabra para referirse a la Iglesia que Él edificaría (ver Mateo 16:18).

En el Nuevo Testamento, este término se utiliza primordialmente para referirse a una asamblea o compañía de creyentes en Cristo, manifestada en tres formas:

• *La Iglesia a nivel mundial*: El conjunto de todos los hijos de Dios en el mundo entero (ver Colosenses 1:18).

• *La iglesia en una región o distrito*: El conjunto de iglesias locales en una zona geográfica (ver Hechos 15:41, Apocalipsis 1:4).

• *Una iglesia local*: El conjunto de hijos de Dios que se reúne en una misma ciudad o en un mismo lugar (ver 1ª Corintios 1:2, Filemón 2).

→ A la luz de Efesios 1:22-23 y 5:23, responde las siguientes preguntas.

¡A trabajar!

2.
← ¿Qué es Cristo de la Iglesia?

a. Organización

b. Institución

3.
← Señala la palabra que define a la Iglesia correctamente.

c. Cuerpo

d. Edificio

TRABAJO 1

4.
Explica el porqué
de la respuesta
que señalaste.
→

La Iglesia es un *cuerpo* porque está unida a una *cabeza*; se la denomina *cuerpo de Cristo* porque *su cabeza es Jesucristo*. Este cuerpo está conformado por todos los hijos de Dios que, al tener en común la vida de Cristo, están vinculados en unión vital por el Espíritu Santo.

EL PROPÓSITO DE SU ENTREGA

Aunque la mayoría de las personas sabe que Jesús se entregó por amor a la humanidad, no todos conocen el propósito integral de su entrega. A través de la Palabra lo podrás identificar.

→ Según la lectura de 1ª Pedro 1:18-19, responde las siguientes preguntas.

¡A trabajar!

5.
¿Cuáles son los
dos elementos
que no podían
usarse como
pago de rescate?
→

6.
¿Cómo califica
la Palabra esos
elementos?

7.
¿Qué elemento fue
indispensable para
pagar el rescate?

8.
¿Con qué
se compara
a Cristo?

Dios estableció que Cristo, por ser perfecto y sin pecado, derramara su sangre como el precio a pagar por el rescate de la humanidad esclava del pecado. Sin embargo, el propósito de su entrega fue de una magnitud superior. Descúbrelo analizando el siguiente pasaje bíblico.

EL RESCATE DE LA IGLESIA NO SE PODÍA PAGAR CON COSAS PERECEDERAS COMO EL ORO Y LA PLATA SINO CON LA SANGRE DE CRISTO, QUIEN FUE COMO UN CORDERO SIN MANCHA Y SIN DEFECTO.

¡A trabajar!

9.
Lee Efesios 5:25b
y completa
los espacios
en blanco.

→

... Cristo _____ a la Iglesia y ____ _____

por _____ ...

Es necesario comprender que la entrega de Cristo produce un resultado individual y un resultado colectivo. El resultado individual es que cuando una persona cree en Jesús y se entrega a Él recibe salvación. Por lo general, este es el resultado que más se enfatiza en la cristiandad. Pero si ese hubiera sido el único objetivo del Señor, las personas serían salvas, pero estarían aisladas entre sí. Por esta razón, el Señor quiso que todos los salvados experimentaran el resultado colectivo de su entrega: *ser miembros de su cuerpo, la Iglesia*. Con este entendimiento, el apóstol Pablo escribió que Cristo se entregó por su Iglesia, de manera que todos los hijos de Dios comprendan la trascendencia de la entrega del Señor.

LA HISTORIA DE AMOR QUE COMIENZA CON LA MUERTE

¡A trabajar!

10.
Observa Romanos
7:2-3 y responde
cuándo queda sin
efecto el pacto
matrimonial.

→

11.
Según tu respuesta anterior, el pacto matrimonial entre un varón y una mujer, ¿es temporal o eterno?

12.
Al inicio de este trabajo, se hizo referencia a una señal visible del pacto matrimonial, ¿cuál es?

13.
El pacto entre Jesús y la Iglesia, ¿es temporal o eterno?

14.
Con base en el pasaje de 1ª Pedro 1:18-19 que leíste anteriormente, ¿cuál consideras que fue el elemento que sirvió como señal eterna del pacto entre Jesús y la Iglesia?

El pacto matrimonial queda sin efecto cuando uno de los cónyuges muere, por lo tanto, es temporal. En cambio, el pacto de Cristo con su Iglesia es eterno, pero no se refrendó con materiales valiosos que se pueden corromper. El único elemento irreemplazable para ratificar el pacto era la sangre de Jesús, por lo cual, Él debió entregar su vida en sacrificio de amor.

La muerte de un esposo o de una esposa indica el final del pacto matrimonial entre ellos. Contrario a esto, la muerte de Jesús marcó el inicio de su pacto matrimonial con la Iglesia. ¿Por qué era necesario que Jesús muriera para establecer su pacto eterno con ella? Porque debía pagar el precio fijado por el Padre para adquirir a la Iglesia. Ese precio fue su sangre derramada en la cruz. Esta es la razón por la cual el Señor se entregó.

> EL PACTO MATRIMONIAL ENTRE UN VARÓN Y UNA MUJER ES TEMPORAL, PORQUE QUEDA SIN EFECTO CUANDO UNO DE LOS DOS MUERE. EN CAMBIO, EL PACTO ENTRE EL SEÑOR Y SU IGLESIA ES ETERNO, PORQUE SE SELLÓ CON LA SANGRE DE CRISTO.

¡Qué extraordinarios son los caminos de Dios! *Para el ser humano, la muerte representa el fin, mientras que para Dios es el inicio.* El pacto entre Cristo y la Iglesia es incomprensible para la mente humana, porque tiene una magnitud y una trascendencia imposibles de comparar con ningún pacto humano. Además, Jesús pudo asegurarle a la Iglesia que su pacto matrimonial sería eterno, porque fue a la muerte, sabiendo que resucitaría. Su resurrección le garantizó a la Iglesia que Él viviría en pacto con ella eternamente.

MÁS QUE AUTORIDAD

Ahora analizarás la posición de autoridad de Jesucristo, y la razón por la cual su función de cabeza de la Iglesia es sobresaliente.

→ Lee detenidamente este pasaje bíblico y responde las siguientes preguntas.

[19] *... y cuán incomparable es la grandeza de su poder a favor de los que creemos. Ese poder es la fuerza grandiosa y eficaz* [20] *que Dios ejerció en Cristo cuando lo resucitó de entre los muertos y lo sentó a su derecha en las regiones celestiales...* [21] *... muy por encima de todo principado, autoridad, poder y señorío, y por encima de todo nombre que se nombra, no sólo en este tiempo, sino también en el venidero.* [22] *Dios sometió todas las cosas bajo sus pies, y lo dio a la iglesia, como cabeza de todo,* [23] *pues la iglesia es su cuerpo...*

Efesios 1:19-23a, NBD y RVC

¡A trabajar!

15.
El pasaje expresa que Dios sentó a Cristo *"... muy por encima de..."*. Escribe todo lo mencionado en el versículo 21.

16.
¿Cuántas cosas están sometidas a Cristo? (v. 22)

TRABAJO 1

17.
¿Quién le delegó a Cristo su autoridad como cabeza? (v. 22) →

18.
¿Qué es la Iglesia con respecto a Cristo? (v. 23a) →

19.
Según Colosenses 2:9-10, ¿Cristo es cabeza de quién? →

a.   **De todo poder y autoridad**

b.   **Únicamente de la Iglesia**

Dios manifestó su poder sobrenatural cuando resucitó a Jesucristo y lo sentó a su derecha en los lugares celestiales. De esta manera le dio a su Hijo toda autoridad. De hecho, la Palabra afirma que el Padre decidió hacerlo *Señor y Mesías* (ver Hechos 2:36). La palabra *Señor* es trascendente porque refleja la autoridad dada a Jesucristo. En griego es el término 'kyrios', que significa *dueño, amo absoluto, dominador, gobernador.*

El lugar donde Cristo está sentado muestra la posición de autoridad que Él ocupa. Si bien Jesucristo se encuentra en los lugares celestiales, se destaca que está sentado a la derecha de Dios. Los ángeles también habitan en los lugares celestiales, pero ninguno de ellos se podría sentar a la derecha de Dios. Allí está el trono desde donde Cristo ejerce su función de Rey y su gobierno de autoridad sobre todas las cosas. Jesucristo fue merecedor de estar sentado a la derecha de Dios por su victoria en la cruz (ver Hebreos 8:1b; 12:2).

> DIOS SENTÓ A CRISTO POR ENCIMA DE TODO PRINCIPADO, AUTORIDAD, PODER Y SEÑORÍO, Y DE CUALQUIER OTRO NOMBRE QUE SE NOMBRA, A FIN DE SOMETER TODAS LAS COSAS BAJO SUS PIES.

No hay duda de que el Padre le dio a Jesucristo un lugar muy honroso. Ahora bien, ¿por qué Pablo se refirió a Cristo como cabeza de la Iglesia, y también como cabeza de todo poder y autoridad? Porque Dios le dio a Cristo la autoridad para que todas las cosas estén sometidas bajo sus pies, y en este sentido *Cristo es la cabeza de todo*. Esto se confirma por el contexto del pasaje de Efesios 1 y los versículos de Colosenses 2 que leíste anteriormente. La Iglesia forma parte de ese *todo* sobre lo cual Cristo es la cabeza. Sin embargo, Dios le otorgó a ella una distinción única, exclusiva e invaluable: *la unió a Cristo para que sea su cuerpo*. Por esa unidad orgánica y espiritual, la Iglesia posee la vida indestructible de su cabeza, y Cristo tiene un cuerpo en la Tierra a través del cual expresarse.

> DIOS LE DIO A CRISTO SU AUTORIDAD COMO CABEZA.

Cristo ejerce su autoridad como cabeza de todo, por ejemplo, sobre la creación, los ángeles, el diablo y los demonios; pero debido a que ellos no tienen unidad con Cristo ni entre sí, y tampoco comparten la misma vida, no pueden ser el cuerpo de Cristo. La diferencia con la Iglesia es que como tiene una

TRABAJO 1

unidad absoluta con su cabeza y comparte la misma vida, *es el cuerpo de Cristo*. De acuerdo con esta realidad, Cristo ejerce su autoridad sobre *su propio cuerpo*, y los miembros responden naturalmente al gobierno de *su propia cabeza*.

Pablo escribió que Cristo fue dado por Dios "*... a la iglesia, como cabeza de todo...*". La intención de estas palabras es que la Iglesia reconozca que su cabeza tiene toda autoridad, y que ella, por ser su cuerpo, también tiene autoridad.

¿Cuál es el beneficio para la Iglesia? *Que está habilitada para representar a Cristo en el mundo haciendo uso de esa autoridad.*

> CRISTO NO SOLO ES CABEZA DE LA IGLESIA QUE ES SU CUERPO, SINO TAMBIÉN DE TODO PODER Y AUTORIDAD.

→ Lee Efesios 1:23 en tu Biblia, y continúa trabajando.

¡A trabajar!

20.
Busca en un diccionario el significado de la palabra plenitud y escríbelo. →

21.
¿Qué significa que la Iglesia sea la plenitud de Cristo? →

La Palabra afirma que la Iglesia *"... es la plenitud de aquel que lo llena todo por completo"*. El término griego traducido como plenitud significa *número completo, complemento total, medida plena*. Plenitud es llegar a un punto de llenura en el que no se necesita nada más. Este concepto, aplicado a la Iglesia, significa que ella es la medida plena y completa de Cristo, su complemento total.

Para la cristiandad resulta extraño admitir que la Iglesia complementa a Cristo en algún sentido, porque Él es todo y lo llena todo. Sin embargo, la versión bíblica en la que leíste el versículo respeta el original griego, el cual no dice que Cristo es la plenitud de la Iglesia, sino que la Iglesia es la plenitud de Cristo. Siendo así, es necesario e importante discernir el profundo significado espiritual de las afirmaciones de Pablo referentes a Cristo y la Iglesia.

Cristo, por ser Dios, está completo en sí mismo y no le falta nada. Por esta razón, Pablo escribió que Él es *"... aquel que lo llena todo por completo"*. Pero al mismo tiempo y por decisión divina, Cristo es la cabeza de la Iglesia y ella es su único cuerpo. En este sentido, la Iglesia es la plenitud y el complemento de Cristo. De esta afirmación surge una pregunta: ¿Para qué Cristo, como cabeza, necesita que la Iglesia sea su plenitud? Para expresarse y mostrarse en la Tierra. La Iglesia es la única que puede mostrar a Cristo en el mundo, porque ha recibido su vida y está unida perfecta y eternamente a Él.

QUE LA IGLESIA SEA LA PLENITUD DE CRISTO SIGNIFICA QUE ELLA ES EL COMPLEMENTO TOTAL DEL SEÑOR.

Si Cristo lo llena todo por completo, es obvio que la Iglesia está llena de Cristo y no le falta nada. Además, la plenitud de

Cristo se transfirió a la Iglesia, gracias a que existe una unidad indisoluble entre ambos (ver Colosenses 2:9-10). Quiere decir que Cristo capacitó a la Iglesia para que sea su plenitud, es decir, el complemento total que Él requiere para darse a conocer y manifestarse en la Tierra. Él expresa su autoridad, señorío, poder y fuerza a través de su cuerpo, la Iglesia. Así que no es una exageración calificar a la Iglesia como la plenitud de Cristo.

No existe manera de medir el privilegio que tiene la esposa eterna de Cristo, la Iglesia, de ser la plenitud del Señor. Este es un privilegio que excede todo razonamiento, pero que tú, como miembro del cuerpo, puedes disfrutar y agradecer profundamente al Señor.

SENTIDO DE PERTENENCIA
(Parte 1)

Todo ser humano nace con un sentido de pertenencia, que es algo así como la noción natural e inconsciente de saber que es parte de alguien o de algo. Quien disfruta de esa pertenencia afirma su valor como individuo, se siente seguro y es capaz de desarrollar una vida plena. En muchas oportunidades y por diferentes circunstancias, las personas están en una búsqueda constante por pertenecer, ya que necesitan satisfacer el sentido de pertenencia que es innato. Cuando lo logran, experimentan una sensación de estabilidad interior. Si bien es cierto que lo expresado anteriormente se aplica a todos los seres humanos, es importante analizar el valor inigualable que tiene el sentido de pertenencia en los hijos de Dios.

FUNDAMENTO INCOMPARABLE

Para descubrir cómo opera el sentido de pertenencia, es necesario discernir quién es el Señor para su Iglesia y cuál es la seguridad que Él le ofrece.

→ La lectura de 1ª Corintios 3:11 te permitirá conocer la razón por la cual la Iglesia es indestructible.

¡A trabajar!

TRABAJO 2

1.
¿Quién es el fundamento de la Iglesia? →

2.
Del siguiente listado selecciona las cualidades que distinguen a Jesucristo. →

a. Inalterable
b. Inmortal
c. Indefinido
d. Insustituible
e. Intimidante
f. Inaccesible
g. Inigualable
h. Intocable
i. Incorruptible

3.
De acuerdo con las cualidades que identificaste en Jesucristo, ¿por qué la Iglesia no puede tener otro fundamento? →

4.
Con base en tus respuestas anteriores, responde por qué razón la Iglesia es indestructible. →

Existe un fundamento específico para cada proyecto que se desarrolla. El fundamento que se utiliza está determinado por el proyecto que se realiza. Por tal razón, hay diferentes tipos de fundamentos, entre los cuales se pueden identificar al menos tres: elementos materiales, doctrinas y personas. Por ejemplo, en el ámbito de la construcción el fundamento consiste de elementos materiales. En el ámbito político, social o filosófico, el fundamento suele ser una doctrina. En muchas corrientes llamadas religiosas o espirituales el fundamento es una persona. Al hablar de estos fundamentos, hay que tener en cuenta que los elementos materiales pueden desgastarse, las doctrinas pueden ser cambiadas o corrompidas y las personas, con el paso del tiempo, mueren. A diferencia de cualquiera de estos fundamentos, la Iglesia tiene uno que es *inalterable, inmortal, insustituible, inigualable e incorruptible*. Es por esta razón que nadie puede ponerle otro fundamento a la Iglesia porque ningún otro se asemeja a Jesucristo. Debido a que Él es indestructible, la Iglesia también lo es. En síntesis, la Iglesia es la única creación que posee un *fundamento incomparable* por la eternidad.

> JESUCRISTO ES EL ÚNICO FUNDAMENTO DE LA IGLESIA PORQUE NADIE MÁS POSEE SUS CUALIDADES DIVINAS. ASÍ COMO ÉL ES INDESTRUCTIBLE, LA IGLESIA TAMBIÉN LO ES.

Cristo, además de ser *cabeza* de la Iglesia, es su *fundamento incomparable*. ¡Maravillosa seguridad para la Iglesia!

EL VACÍO NO TIENE LUGAR EN EL CUERPO

Cuando una persona no ha podido establecer vínculos de pertenencia o por alguna razón los ha perdido, su existencia se vuelve vacía y sin sentido, impidiéndole lograr relaciones

TRABAJO 2

sólidas y estables. A corto o largo plazo, esta realidad resulta en la destrucción de la vida.

Pertenencia o vacío; no existen términos medios. Esta es la razón primordial por la cual el sentido de pertenencia debe ser completamente satisfecho, tanto en la vida personal, matrimonial y familiar, como en la vida de comunión entre los miembros del cuerpo de Cristo. Experimentar el adecuado sentido de pertenencia facilita el desarrollo de una vida plena, segura y equilibrada.

Una persona puede sufrir un vacío de pertenencia por múltiples razones. Sin embargo, para un hijo de Dios eso es imposible. A partir de que una persona nace de nuevo del Espíritu Santo, pertenece a la Iglesia de Cristo. Desde ese momento cuenta con la provisión del Señor, que incluye un Padre celestial, una unidad perfecta con Cristo por medio del Espíritu Santo, y hermanos con quienes compartir el amor y la comunión fraternal.

Al leer el siguiente pasaje bíblico y responder las preguntas, comprenderás la profundidad contenida en el sentido de pertenencia.

> *[12] Nuestro cuerpo tiene muchas partes, pero todas esas partes forman un solo cuerpo. Lo mismo sucede con Cristo: [13] ya sea judíos o no, esclavos o libres, todos hemos sido bautizados en un mismo Espíritu para formar parte de un solo cuerpo; a todos se nos dio a beber del mismo Espíritu.*
>
> 1ª Corintios 12:12-13, PDT

¡A trabajar!

5.
Tomando como base el pasaje que leíste, llena los espacios en blanco.

... ya sea _____ o ____, _____ o _____ , todos hemos sido bautizados en un mismo Espíritu para _____ _____ _____ ____ _____ _____ ...

TRABAJO 2

6.
¿Con que propósito han sido bautizados todos los creyentes en un mismo Espíritu?

El Señor tiene hijos en todo el mundo. Entre ellos existen diferencias de nacionalidad, idioma, cultura y condición. Si dependiera de esas diferencias, los cristianos nunca podrían compartir el mismo sentido de pertenencia. Sin embargo, Dios previó algo maravilloso.

El versículo 13 del pasaje analizado ha sido traducido de muchas maneras en las distintas versiones bíblicas, y también ha sido interpretado de múltiples formas con base en distintas corrientes teológicas, y según cómo se entienda la gramática del texto original. Más allá de todo esto, la verdad central de la enseñanza es mostrar una realidad espiritual que comparten todos los creyentes sin excepción. El Señor realiza dos acciones simultáneas con toda persona que se entrega a Cristo: le da una nueva vida espiritual por la acción del Espíritu Santo, y la sumerge en un mismo y único Espíritu. Esta es la manera en que todos los creyentes pasan a formar parte de un solo cuerpo, el cuerpo de Cristo. Es maravilloso comprobar que participar del mismo Espíritu anula por completo todas las diferencias en los creyentes, sean raciales, sociales o culturales. De esta manera, todos los hijos de Dios llegan a ser una sola y única Iglesia, y aunque nunca se conozcan entre sí, pueden disfrutar del mismo sentido de pertenencia.

TODOS LOS CREYENTES HAN SIDO BAUTIZADOS EN UN MISMO ESPÍRITU PARA FORMAR PARTE DE UN SOLO CUERPO.

El sentido de pertenencia en el cuerpo de Cristo es tan poderoso, que certifica la identidad de cada hijo de Dios y estimula la unidad del Espíritu entre los miembros. Por ejemplo, podría darse el caso de un creyente que se muda a otro país donde no tiene familiares ni conocidos. Aparentemente está solo, pero cuando encuentra a sus hermanos en Cristo y se involucra en una iglesia local, comienza a disfrutar de la comunión y la unidad espiritual con los demás miembros y, por lo tanto, tiene la convicción de que ese es el ámbito al cual pertenece. Allí se siente seguro, confiado y en libertad. Algo similar puede ocurrir con un creyente que es rechazado por sus familiares debido a que ha hecho de Cristo la prioridad de su vida. Esta situación, aunque es dolorosa, sirve para que ese cristiano valore más los lazos espirituales que lo unen con sus hermanos en Cristo. Gracias a esos lazos, nunca se siente solo o incomprendido; por el contrario, se afirma en la fe, porque sabe que es un privilegio formar parte del cuerpo de Cristo. En resumen, *cualquier creyente puede sufrir la ausencia o el alejamiento de sus familiares, pero jamás sufrirá la ausencia o el alejamiento de la familia de Dios*. Esta es la experiencia cotidiana de quienes disfrutan del sentido de pertenencia en el cuerpo de Cristo.

SENTIDO DE PERTENENCIA
(Parte 2)

El sentido de pertenencia quedaría en un plano teórico si no se convirtiera en una vivencia real y cotidiana. Cada cristiano sabe que su sentido de pertenencia es un hecho innegable en el ámbito espiritual, sin importar el país del mundo en el que viva. Por ser así, tiene conciencia de que es parte del cuerpo de Cristo a nivel mundial. Ahora bien, para desarrollar su función como miembro del cuerpo, todo creyente necesita tener comunión estrecha con sus hermanos en el lugar donde vive. Por eso, la iglesia local es el ámbito en el cual se desarrollan y expresan la comunión y el amor entre los creyentes. De esta manera, el sentido de pertenencia de los miembros del cuerpo de Cristo se hace real en lo cotidiano dentro de la iglesia local. Por otra parte, en sentido práctico, sería imposible reunir a toda la Iglesia de Cristo en un mismo y único lugar del mundo. En todo el planeta existen muchísimas congregaciones o iglesias que se encuentran en diferentes localidades, por lo cual son denominadas locales. Por la investigación que harás a continuación, descubrirás de qué manera se experimenta el sentido de pertenencia dentro del cuerpo de Cristo.

¿CÓMO ES UNA IGLESIA NORMAL?

Es frecuente escuchar frases como estas:

"Si pertenezco a la Iglesia de Cristo, no necesito ser miembro de una iglesia local; tengo al Señor, tengo comunión con Él, leo la Biblia, ofrendo para la obra y hago bien a mi prójimo".

"En los tiempos que estamos viviendo, es muy difícil encontrar una buena iglesia".

"Me gusta tener comunión con muchos hermanos y visitar diferentes iglesias; por esa razón no soy miembro de ninguna".

"Pertenecí a una iglesia local, hubo una división, fui muy herido, entonces decidí seguir al Señor sin ser miembro de ninguna iglesia local".

"Todos los pastores tienen mal testimonio, los hermanos son hipócritas, por lo tanto, no me congrego".

"Como hay tantos congresos, asisto a todos los que puedo, ya que recibo palabra fresca del Señor, cosa que no ocurre en mi iglesia".

"Yo voy a la iglesia, pero no me puedo involucrar porque estoy muy ocupado; entonces, para no fallar, mejor no me comprometo".

Estas y otras frases similares se escuchan permanentemente y son el "pan diario" de los "llaneros solitarios", "rebeldes sin causa", "turistas eclesiásticos" y aquellos que padecen de "congresitis aguda".

Aunque todos los cristianos son miembros del cuerpo de Cristo y parte de la Iglesia a nivel mundial, es necesario que cada uno se integre a una iglesia local, ajustándose a lo establecido por el Señor.

→ Lee Hechos 2:41-47 para dar tus respuestas.

TRABAJO 3

¡A trabajar!

1.
¿Quiénes se
unieron a
la iglesia?

2.
¿En qué se mantenían
firmes todos
los creyentes?

3.
¿Cuál era el estilo
de vida de
la comunidad
de creyentes?

4.
¿Cuál era la actitud del pueblo hacia los cristianos? →

En la actualidad hay muchas personas que afirman haberse entregado a Cristo y ser salvos, pero no quieren reunirse con la iglesia. Esto es totalmente anormal para una persona que realmente nació de nuevo del Espíritu. A través del relato bíblico, se puede comprobar que las personas que recibían el mensaje y nacían de nuevo se bautizaban y, de manera inmediata, comenzaban a practicar la comunión con el cuerpo de Cristo. La experiencia de la iglesia en Jerusalén parece ser un ideal para los creyentes del presente, pero en realidad, esa es precisamente la vida normal de la Iglesia.

> LOS NUEVOS DISCÍPULOS SE MANTENÍAN FIRMES EN LA ENSEÑANZA DE LOS APÓSTOLES, EN LA COMUNIÓN, EN COMER JUNTOS, EN PARTICIPAR DE LA CENA DEL SEÑOR Y EN LA ORACIÓN.

La unidad entre los cristianos del siglo I era una vivencia que ellos disfrutaban y practicaban a cada momento. De hecho, esa unidad no podía ser el resultado de la lectura bíblica, porque en ese momento no existía la Biblia como hoy se conoce. Es decir, todo era práctico y experimental, no era producto de un conocimiento intelectual teórico. El estilo de vida de los creyentes daba como resultado que el pueblo los estimara y que el Señor añadiera a la iglesia los que iban siendo salvos.

> LOS DISCÍPULOS ESTABAN JUNTOS, TENÍAN TODO EN COMÚN Y ALABABAN A DIOS EN COMUNIÓN; ESE ESTILO DE VIDA HACÍA QUE LA GENTE QUE LOS RODEABA LOS ESTIMARA.

TODOS EN UNO
Y PARA UNO

La Biblia expresa que los redimidos por Jesús son *"... miembros de su cuerpo"* (Efesios 5:30). Esta unión es indisoluble porque está basada en la fusión de Cristo con su Iglesia. Así como Cristo y su Iglesia forman una unión indivisible, de la misma manera, y por extensión, sucede con los miembros del cuerpo entre sí, *"... porque somos miembros los unos de los otros"* (Efesios 4:25b, RVC).

¡A trabajar!

a. **Romanos 12:10** _____
_____

b. **Gálatas 5:13** _____
_____

c. **Gálatas 6:2** _____
_____

d. **Hebreos 3:13** _____
_____

e. **Hebreos 10:24** _____
_____

f. **1ª Pedro 1:22** _____
_____

5.
Escribe las acciones recíprocas de *los unos a los otros,* mencionadas en los siguientes pasajes bíblicos.

Estos pasajes, y muchos otros, muestran la importancia de la acción recíproca entre los miembros del cuerpo. Si ese

TRABAJO 3

accionar de los miembros entre sí no proviniera de la unidad vital entre todos ellos, la Iglesia podría considerarse una institución respetable, pero jamás un cuerpo. Este trabajo *de los unos a los otros* es espontáneo, natural y absolutamente imprescindible. Da como resultado que cada uno de los miembros, y el cuerpo en su totalidad, funcionen armónicamente y se mantengan saludables. De esta manera, estarán manifestando la vida de Cristo que poseen.

LA ACTITUD DENTRO DEL CUERPO

→ Lee cuidadosamente 1ª Corintios 12:12-27 y medita sobre su contenido. Después de haberlo hecho, responde las siguientes preguntas.

¡A trabajar!

6.
¿Cómo está compuesto el cuerpo? (v. 14) →

7.
Si ocurriera lo expresado en los versículos 15 al 17, ¿sería correcto que un miembro tuviera ese pensamiento? Incluso si alguno de ellos pensara así, ¿cuál es la verdad que enseña el pasaje? →

TRABAJO 3

8.
¿Hay lugar para
el complejo de
inferioridad entre
los miembros
del cuerpo?

9.
¿Quién determina
la función de
cada miembro
en el cuerpo?
(v. 18)

10.
Según tu respuesta
anterior, ¿puede un
miembro elegir su
función dentro
del cuerpo?

11.
Si cada miembro
pudiera decidir
su función, y se
colocara a sí mismo
en el lugar que
mejor le pareciera,
¿el cuerpo
se desarrollaría
normalmente?
Explica tu respuesta
(vs. 19-20)

TRABAJO 3

12.
¿Puede un solo miembro suplir todas las necesidades del cuerpo? (v. 21)

13.
¿Qué hay detrás de la actitud de un miembro que cree no necesitar al otro?

14.
¿Cuál debe ser la consideración de los miembros del cuerpo entre sí? (vs. 22-24a)

15.
¿Qué hizo Dios y con qué objetivo? (vs. 24b y 25)

16.
¿Cuál es el resultado
de que los miembros
se preocupen
unos por otros?
(v. 26)

Ningún cuerpo humano funcionaría plenamente si le faltaran algunos miembros. Tampoco podría el cuerpo representar adecuadamente a la persona, si cada órgano hiciera lo que mejor le pareciera, sin importarle los otros miembros. Por otra parte, ninguna persona tiene miembros "de repuesto" para reemplazar los miembros originales. Ahora piensa en la Iglesia. Cristo decidió tener un solo cuerpo sobre la Tierra, que esté completo, sin que le falte ningún miembro, pero, sobre todo, que esté perfectamente unido para que lo pueda representar adecuadamente en el mundo.

Que el cuerpo de Cristo tenga muchos miembros, no significa que cada uno esté aislado de los otros, que decida qué lugar ocupar en el cuerpo o que pueda hacer lo que quiera. Dios es quien tiene el derecho absoluto de tomar esas decisiones y, por lo tanto, los miembros debieran confiar plenamente en cómo Él hace las cosas. Todo esto sirve para entender que tú y cada uno de tus hermanos tienen un lugar designado por el Señor dentro del cuerpo de Cristo, y que todos son necesarios y adecuados en su lugar y función. Por la misma razón, sería una señal de inmadurez que los miembros del cuerpo tuvieran pensamientos y sentimientos de inferioridad, de superioridad, de menosprecio, así como celos, divisiones, competencia o autosuficiencia (ver Romanos 12:3-5). Recuerda que el objetivo del Señor es que la Iglesia, por ser su cuerpo, sea en este mundo como Él es.

[24] Tengámonos en cuenta unos a otros, a fin de estimularnos al amor y a las buenas obras. [25] No dejemos de congregarnos, como es la costumbre de algunos, sino animémonos unos a otros; y con más razón ahora que vemos que aquel día se acerca.
Hebreos 10:24-25, RVC

EL REINO DE LA TRIPLE "T"

Dios se ha propuesto mostrar en el mundo la grandeza incomparable de su Reino. Para lograrlo, ha decidido que la Iglesia de Jesucristo *anuncie, exprese, extienda y manifieste* su Reino en cada nación. Cuando la Iglesia actúa como una fiel representante del Reino, las personas pueden ver con mayor claridad el plan de Dios para sus vidas, y que el Reino está a su alcance.

Donde hay un reino, hay un gobierno. El Reino de Dios también tiene un gobierno que se conoce como *teocracia. Teo* significa Dios y *cracia*, gobierno. En conclusión, *teocracia* es *el gobierno de Dios*. Cabe destacar que en el mundo hay diversos sistemas de gobierno, pero ninguno de ellos tiene el poder de lograr que el ser humano entre al Reino de los cielos y sea gobernado internamente por Dios.

EL GOBIERNO PERFECTO

El ser humano fue creado para vivir gobernado por Dios; pero desde que perdió la comunión con Él, ya no pudo seguir bajo su gobierno. Al hablar de comunión con Dios se hace referencia a una unión íntima de amor y libertad, en la cual el ser humano vive en el ámbito de la voluntad del Señor, de manera espontánea y natural. Solo el gobierno de Dios guía al ser humano por el sendero de la voluntad divina y le brinda la dirección que necesita.

¡A trabajar!

1.
Lee 1º Samuel 8:4-7 y responde cuál fue la actitud de Israel hacia Dios y su gobierno.

2.
Escribe cuáles son los sistemas de gobierno que existieron o existen en el mundo, y que tú conoces.

Israel desechó el gobierno de Dios al elegir ser gobernado por hombres. De igual modo, la humanidad ha diseñado y practicado, a través de los tiempos, variados sistemas de gobierno de origen humano, rechazando y reemplazando así el gobierno de Dios.

LA ACTITUD DE ISRAEL FUE DESECHAR A DIOS Y SU GOBIERNO.

La rebelión del ser humano contra Dios es profunda, porque no solo procura hacerse igual a Él, sino que se considera capaz de gobernarse a sí mismo. El ser humano quedó sin gobierno y sin dirección de Dios cuando se independizó de Él. En esa condición perdió la capacidad de decidir convenientemente, y en lugar de arrepentirse y restablecer la comunión con el Señor, lo rechazó.

→ Observa algunos ejemplos de personas gobernadas por Dios y cuáles fueron los resultados que obtuvieron.

TRABAJO 4

¡A trabajar!

3.
JOSÉ
(Génesis 39:2-3, 5; 41:38-40)

4.
DANIEL
(Daniel 1:8-9, 20; 2:48-49)

5.
ESTEBAN →
(Hechos 6:8;
7:54-55, 59-60)

6.
PABLO →
(Hechos 21:10-13)

Estos hombres, como muchos otros, lucharon, sufrieron, fueron recompensados y algunos de ellos murieron como resultado de vivir gobernados por Dios. En estos tiempos en que la humanidad no vive la teocracia, Dios quiere manifestarla a través de su Iglesia, y restaurarla en la vida de la gente.

Todos los reinos y gobiernos del mundo han intentado permanecer y perpetuarse; sin embargo, su poder y duración son temporales. En cambio, el Reino de los cielos tiene *el gobierno perfecto* y su duración es eterna.

RELACIÓN ENTRE LA IGLESIA Y EL REINO

La labor distintiva de Jesús durante su ministerio en la Tierra fue manifestar el Reino de Dios. A través de su mensaje y sus obras, el Señor demostró que el sistema religioso y el cumplimiento de ritos, son ineficaces para producir la vida de Dios en el interior del ser humano.

Jesús desplegó la grandeza del Reino de una manera sencilla y a la vez impactante. La gente percibió el "clima" del Reino de Dios al ver el poder de Jesús y los prodigios que realizó, así como la autoridad, el espíritu y la vida de sus palabras.

Nunca ha existido ni existirá un sistema religioso que pueda estar asociado con el Reino. De hecho, todos esos sistemas son incapaces de lograr que una persona vea el Reino, y mucho menos que entre en él; pero gracias a la intervención divina, Cristo logró hacer lo que ningún sistema religioso pudo hacer. Como resultado de su obra, quien se entrega a Jesucristo es engendrado por Dios, recibe su naturaleza, ve el Reino, entra en él y disfruta del gobierno divino.

La Iglesia está en el mundo para expresar el Reino de forma pura y eficaz, así como Jesús lo hizo, sin asociarse con ningún tipo de sistema religioso. Al expresar el Reino de esta manera, la Iglesia preserva su calidad como sal de la Tierra y luz del mundo.

¡A trabajar!

7.
¿Qué es un reino?
Defínelo según
tu concepto.

8.
A tu entender,
¿qué es el Reino
de los cielos?

Un reino es el territorio gobernado por un monarca, regido por sus leyes y decretos. *El Reino de Dios es todo ámbito gobernado por Jesucristo, y donde se establece la soberanía absoluta de Dios.* Es importante mencionar que hay dos expresiones relacionadas con el Reino, que Jesús utilizó frecuentemente: *Reino de Dios y Reino de los cielos* (ver Mateo 4:17; Lucas 17:20-21).

Todo lo que Jesús dijo e hizo fue la voluntad del Padre, y por esa razón, el Reino de Dios se hizo visible y palpable en el mundo. La voluntad de Dios y el Reino son inseparables, ya que donde se hace la voluntad de Dios, su Reino está presente.

> EL REINO DE DIOS ES TODO ÁMBITO EN EL CUAL JESUCRISTO GOBIERNA Y DONDE SE ESTABLECE LA SOBERANÍA ABSOLUTA DE DIOS.

La función de la Iglesia en el mundo, y su vínculo con Jesucristo y su Reino, son la clave para que la voluntad de Dios se haga presente. Las frases que encontrarás a continuación te ayudarán a profundizar en cómo se interrelacionan el Reino, Jesucristo y la Iglesia:

⊛ Jesús es el Rey del Reino de Dios.

⊛ Jesús manifestó el Reino cuando la Iglesia aún no existía.

⊛ Jesús mostró en la Tierra cómo se vive en el Reino, de manera que la gente, cuando viera el Reino, decidiera entrar en él.

⊛ El Reino de Dios está presente solo donde se hace la voluntad divina sin agregados de ningún tipo.

⊛ Jesús planeó que la Iglesia estuviera dentro del Reino, lo viviera en plenitud y lo extendiera.

⊛ Jesús escogió a la Iglesia como su instrumento, para que la voluntad de Dios se haga en la Tierra, de modo que el Reino sea visible.

⊛ La Iglesia no es el Reino; la Iglesia tiene miembros, mientras que el Reino tiene ciudadanos.

⊛ La labor de la Iglesia es manifestar el Reino; por lo tanto, si ella fuera el Reino, entonces su objetivo sería mostrarse y predicarse a sí misma, lo cual sería incongruente con la misión que el Señor le delegó.

⊛ La Iglesia dispone de todas las herramientas espirituales del Reino, porque es la única autorizada por Jesucristo para traer la realidad celestial al plano terrenal.

Es necesario que indagues sobre algunos aspectos de cómo se ingresa al Reino y se hace práctico en las vidas.

¡A trabajar!

9.
De acuerdo con Marcos 1:14-15, Jesús estableció que el ser humano debe realizar dos acciones indispensables, ¿cuáles son?

TRABAJO 4

Existen dos acciones espirituales establecidas por Jesús para que una persona pueda ingresar al Reino: *arrepentirse* y *creer las buenas nuevas*. Estas acciones son tan imprescindibles, que *nadie entra al Reino si se arrepiente sin creer o si cree sin arrepentirse*. Para comprobar la importancia de estas dos acciones, es necesario profundizar en cada una de ellas.

El arrepentimiento comienza con una acción insustituible del Espíritu Santo en el ser humano. Esta acción consiste en convencerlo de pecado para que reconozca su completo alejamiento de Dios. El reconocimiento de esa condición de independencia del Señor se manifiesta a través de un sentimiento de profunda tristeza. Gracias a ello, el ser humano toma la iniciativa de acercarse al Señor.

Creer *las buenas nuevas* no es alcanzar la comprensión intelectual de una verdad, sino la decisión de confiar en Jesucristo y depender de Él, para obedecerlo. Las buenas nuevas, que son sinónimo de evangelio, no son el texto de un mensaje que se debe conocer para ser salvo o aprender de memoria para repetirlo. Las buenas nuevas son Jesucristo mismo y su obra a favor de la humanidad, expresados en un mensaje.

En síntesis, *el evangelio es Jesucristo hecho mensaje*. Creer en doctrinas bíblicas verdaderas, no es sinónimo de creer en Jesucristo, ya que el conocimiento bíblico no reemplaza la experiencia personal y cotidiana de conocer a Jesucristo. El resultado de esta experiencia es un sometimiento voluntario a su señorío.

La persona que ingresa al Reino de los cielos se convierte en ciudadano (ver Filipenses 3:20). En calidad de ciudadano del Reino, reconoce que este tiene leyes y que debe ajustarse a ellas. En Mateo, capítulos 5 al 7, se registra el "primer seminario del Reino" que Jesús impartió, en el cual expuso las leyes que rigen el Reino de Dios. En el Reino se vive bajo parámetros completamente opuestos a los establecidos por los sistemas del mundo.

TRABAJO 4

¡A trabajar!

10.
Lee Mateo 9:35 y explica cuál fue la manera concreta en la que Jesús manifestó el Reino.

11.
Según el versículo 36 del mismo capítulo, ¿qué sintió Jesús por las multitudes y por qué?

12.
Según Mateo 10:1, 7-8, ¿qué tarea delegó Jesús a sus discípulos?

→

13.
Mateo 25:34-40 comienza señalando una promesa de Jesús a los suyos, ¿cuál es?

→

La llegada del Reino de Dios a la vida del ser humano produce un estado integral de bienestar, el cual abarca espíritu, alma y cuerpo. Quienes vivieron en el tiempo de Jesús tenían ley, doctrina, sinagoga, sacerdotes y maestros; sin embargo, Jesús los vio como *ovejas sin pastor*.

> JESÚS SINTIÓ COMPASIÓN POR LAS MULTITUDES PORQUE LAS VIO COMO OVEJAS SIN PASTOR.

Las palabras y acciones de Jesús muestran que existe un balance en el Reino de Dios. Por un lado, el Señor suplió las necesidades de la gente; por el otro, la confrontó con su realidad interior. Esta manera en la que Jesús proclamó y extendió el Reino, fue el modelo que sus discípulos debían seguir, y que la Iglesia actual debe practicar.

Para que la sociedad no conciba el Reino de los cielos como una idea abstracta o un concepto doctrinal, la Iglesia debe mostrarlo teniendo el mismo sentir que tuvo Cristo Jesús: *compasión por las multitudes*. Él comprobó la ausencia del Reino de Dios en la vida de la gente, al verla agobiada y desamparada.

> JESÚS DELEGÓ A SUS DISCÍPULOS LA TAREA DE PROCLAMAR Y MANIFESTAR EL REINO DE DIOS.

Jesús expresó que: *"... todo lo que hicieron por uno de mis hermanos, aun por el más pequeño..."* (Mateo 25:40), es una manifestación práctica del Reino por parte de los discípulos. *"Todo lo que hicieron"* incluye dar de comer y beber al necesitado, vestir al desnudo, asistir al enfermo y al preso. Jesús prometió a los discípulos que hagan esto hacia quienes Él considera sus hermanos: *"Vengan, benditos de mi Padre; reciban en propiedad el reino que se les ha preparado desde el principio del mundo"* (Mateo 25:34, BLPH).

Al aprender acerca del Reino y de la vida práctica de sus ciudadanos, pudiste comprobar que no se trata de cualquier clase de reino. El Reino de Dios es tan excepcional, que se lo puede calificar como *el Reino de la triple I*:

- ⮕ *Inigualable*, porque no hubo ni habrá un reino que lo pueda igualar (ver Salmo 145:13).

- ⮕ *Inconmovible*, porque por su origen eterno y celestial no tiene fin, es sólido, seguro y nada ni nadie lo puede desestabilizar (ver Hebreos 12:28).

- ⮕ *Indestructible*, porque mientras los reinos de este mundo cambian o dejan de existir, el Reino de Dios jamás podrá destruirse (ver Daniel 6:26).

TRABAJO 4

TRABAJO 4

El Señor ha afirmado su trono en los cielos,
y su reino domina sobre todos los reinos.
Salmos 103:19, RVC

AUTORIDAD EN ESENCIA

Tomás es un ciudadano común: esposo, padre de familia, buen amigo, vecino amable. Cada mañana lleva a sus hijos a la escuela. De regreso, comparte un tiempo con su esposa en el desayuno y luego sale a trabajar. En definitiva, él tiene una vida normal, como cualquier otra persona.

Tomás trabaja en la calle, y para desarrollar sus labores usa un uniforme. Cuando llega a su lugar de trabajo, algo pareciera cambiar. La gente lo respeta, lo trata diferente y algunos hasta le temen. Sin importar la reacción de las personas, todos deben obedecer sus indicaciones, ya sea a gusto o a disgusto. Cuando cumple sus funciones, Tomás no es un ciudadano común, es un policía.

Como persona, Tomás siempre es el mismo. Sin embargo, ¿por qué cuando viste el uniforme algo cambia? Simplemente porque ya no es visto como cualquier persona, sino como una autoridad.

Pero... ¿qué es autoridad? ¿Cómo entenderla y definirla? Será importante trabajar en el tema.

¡A trabajar!

1.
Explica qué entiendes por autoridad.

TRABAJO 5

2.
Lee Deuteronomio 10:17, Salmo 93:1 y escribe quién ejerce la mayor autoridad.

3.
Ahora observa Génesis 1:3, Salmo 33:6 y responde, ¿se necesita autoridad para crear todas las cosas?

4.
¿Qué usó Dios para ejercer su autoridad al llevar a cabo la creación?

5.
¿De quién recibió Dios la autoridad para crear todas las cosas?

6.
De acuerdo con tus respuestas anteriores, elige la frase correcta.

a. Dios es autoridad y tiene la facultad de ejercerla

b. Dios necesitó recibir su autoridad de alguien más, para poder ejercerla

En términos generales, se puede definir la autoridad como el poder de regir o gobernar; la capacidad o el poder de mando que se le delegó a una persona. Ahora bien, en cuanto a Dios, su autoridad de regir y gobernar no la recibió de nadie, porque Él es autoridad. Esa autoridad es parte de sí mismo, es inherente a su naturaleza.

Por lo tanto, la autoridad que Él ejerce lo representa y lo manifiesta como quien es: Dios.

> DIOS ES LA AUTORIDAD SUPREMA DEL UNIVERSO, QUIEN CREÓ TODAS LAS COSAS CON SU PALABRA, POR LA AUTORIDAD QUE EMANA DE ÉL.

Hay muchos seres creados que tienen autoridad, pero necesitaron recibirla de alguien más, ya que no proviene de ellos mismos. En cambio, la autoridad que está en Dios procede de sí mismo, porque Él es la fuente de toda autoridad. En resumen, *Dios es autoridad en esencia.*

IDENTIFICANDO A LA PALABRA

Algunos de los textos bíblicos que leíste muestran a Dios ejerciendo su autoridad con poder en la creación, usando su palabra. Es de mucha importancia que comprendas apropiadamente a qué se refiere la Escritura cuando habla de *la Palabra*.

Lee el siguiente pasaje bíblico:

> [1] *Antes de que todo comenzara ya existía aquel que es la Palabra.*
> *La Palabra estaba con Dios, y la Palabra era Dios.*
> [2] *Cuando Dios creó todas las cosas, allí estaba la Palabra.*
> [3] *Todo fue creado por la Palabra, y sin la Palabra nada se hizo.*
> Juan 1:1-3, TLA

¡A trabajar!

7.
¿Con quién estaba
la Palabra cuando
todas las cosas
se crearon? →

8.
¿Quién es
la Palabra? →

9.
¿Cuál fue la
participación de
la Palabra en
la creación? →

TRABAJO 5

Ahora lee el siguiente pasaje del evangelio de Juan:

*14 Aquel que es la Palabra habitó entre nosotros y fue como uno de nosotros.
Vimos el poder que le pertenece como Hijo único de Dios,
pues nos ha mostrado todo el amor y toda la verdad.
15 Juan habló de aquel que era la Palabra, y anunció:
«Ya les había dicho que él estaba por llegar. Él es más importante
que yo, porque existe desde antes de que yo existiera.»
16-18 Dios nos dio a conocer sus leyes por medio de Moisés,
pero por medio de Jesucristo nos hizo conocer
el amor y la verdad...*

Juan 1:14-18, TLA

¡A trabajar!

10.
¿Con quién relacionó el apóstol Juan a la Palabra?

Responde la pregunta 11 con base en el siguiente pasaje bíblico:

A ustedes les hemos anunciado a Aquel que era desde el principio, a Aquel que hemos escuchado y hemos visto con nuestros ojos, y hemos contemplado y tocado con nuestras manos, a Aquel que es el Verbo de vida.
1ª Juan 1:1, Biblia Peshitta en Español

TRABAJO 5

¡A trabajar!

11.
¿A quién se refirió el apóstol Juan, y qué frase al final del versículo lo define?

12.
Según Colosenses 1:16, ¿quién creó lo mencionado en el versículo y cuántas cosas creó?

13.
Ahora busca Hebreos 1:3 y responde, ¿quién sostiene todas las cosas, y cuántas son?

Las pruebas son irrefutables. Para hablar de Dios, hay que hablar de Jesucristo. Todos los pasajes que leíste y tus respuestas te han demostrado que Jesucristo es Dios. Desde la creación de todas las cosas, la participación del Hijo de Dios fue crucial, y lo sigue siendo, porque Él sostiene todas las cosas con su palabra de poder. Comprobaste que Él es la Palabra, por lo tanto, toda la creación de Dios requirió de Jesucristo para existir. Además, todas las cosas fueron creadas no solo por medio de Él, sino también para Él. En resumen, Jesucristo es el origen y el destinatario de la creación.

> JESUCRISTO ES LA PALABRA, EL VERBO DE VIDA. TODAS LAS COSAS FUERON CREADAS POR MEDIO DE ÉL Y PARA ÉL, SIENDO SOSTENIDAS CON EL PODER DE SU PALABRA.

A través de todo lo creado se percibe que Jesucristo es Dios. En su naturaleza radica su autoridad, de manera que todo lo que existe reconoce esa autoridad y se sujeta a ella. *Cuando habla aquel que es la Palabra, su palabra de poder es la autoridad por la que todo se sostiene.*

AUTORIDAD EJEMPLAR

A través de todas las cualidades de Dios se evidencia que su autoridad es pura. Él expresa esa pureza en todas sus decisiones y acciones. Hay algunas cualidades dignas de considerar y, cuando las descubras, valorarás aún más a Dios y a su autoridad.

→ Observa cada uno de los pasajes bíblicos y escribe
cuáles son las cualidades de Dios que se ponen
de manifiesto cuando Él ejerce su autoridad.

¡A trabajar!

14.
En 2º Crónicas 9:8 se
resume con una frase
la cualidad que Dios
mostró por su pueblo
cuando decidió colocar
a Salomón por rey,
¿cuál es?

15.
En el Salmo 96:13
se destacan dos
cualidades de
Dios, con las
cuales Él ejerce
su autoridad para
juzgar al mundo
y a los pueblos.
¿Cuáles son?

16.
El Salmo 145:17
muestra dos
cualidades que Dios
manifiesta en todo
lo que hace. Escribe
cuáles son.

17.
Por lo expresado en
Ezequiel 36:23b,
¿qué cualidad
mostraría Dios para
que las naciones
supieran que Él
es el Señor?

TRABAJO 5

18.
¿Cómo son gobernadas las naciones por el Señor, según el Salmo 67:4?

→

19.
El Salmo 104:24 menciona una cualidad con la cual el Señor hizo todas sus obras. Escríbela.

→

TRABAJO 5

Acabas de comprobar que cuando Dios ejerce su autoridad, expresa junto con ella otras cualidades que le son propias. La Biblia registra numerosas manifestaciones de las cualidades de Dios; los pasajes estudiados son solo algunos ejemplos.

Cuando el ser humano observa a Dios como autoridad, a través de cada una de sus cualidades, comprende cómo es la autoridad y cómo debe ejercerse apropiadamente. Al hacer uso de su autoridad, Dios no deja de amar, no es injusto ni deja de ser bondadoso. En todo lo que Él hace se muestra como el modelo perfecto de autoridad.

Hay creyentes que tienen inconvenientes para entender la autoridad de Dios, y por eso no pueden reconocerla ni sujetarse a ella, pero aun así afirman conocer al Señor. Así como nadie conoce realmente a Dios si no ha experimentado su amor, tampoco lo podrá conocer mientras no tenga un encuentro con Él como autoridad. Conocer profundamente la autoridad de Dios y a Dios como autoridad es imprescindible para llegar a conocer a Dios mismo.

NIVELES DE AUTORIDAD
(Parte 1)

En todo lo creado se percibe la autoridad de Dios. Él es la máxima autoridad, y ha decidido delegarle autoridad al ser humano, porque su objetivo fue tener un representante en la Tierra. ¿Y por qué eligió al ser humano? Porque es el único a quien el Señor le dio su imagen y semejanza. De esta manera, el ser humano está capacitado para ejercer la autoridad como Dios lo hace.

Aunque se desconozca, ignore o rechace la delegación divina de autoridad, ella está presente. En cada sector de la sociedad existen autoridades establecidas y un orden o sistema para que estas se desempeñen. Esto incluye a los países, las instituciones, las organizaciones, las empresas, las familias y, por supuesto, la Iglesia de Jesucristo. Seguidamente, analizarás cómo se desarrollan los diferentes sistemas de autoridad.

EL ORIGEN DE LA AUTORIDAD

Al leer Juan 3:27 observarás un principio espiritual que establece que todo lo que el ser humano recibe proviene de Dios.

TRABAJO 6

¡A trabajar!

1.
De acuerdo con ese principio, deduce y escribe quién concede autoridad a los seres humanos.

2.
Observa Romanos 13:1 y determina quién establece las autoridades en el mundo. →

TRABAJO 6

Estos pasajes bíblicos demuestran que toda autoridad se origina en Dios. Ya has aprendido que el ser humano, por causa del pecado, rechazó el gobierno de Dios. Esto ha generado la creación de diferentes sistemas de gobierno en el mundo. Si bien, Dios no ideó ninguno de ellos, la Palabra declara que toda autoridad ha sido establecida por Él.

Ejercer autoridad y estar bajo autoridad es un asunto de todos los días. Una misma persona puede ejercer autoridad o estar bajo autoridad, según las funciones que desempeñe. Será importante observar el enfoque divino acerca del tema.

LA AUTORIDAD EN LA FAMILIA

→ Lee Efesios 5:21-33 y responde.

¡A trabajar!

3.
¿Cuál debe ser la actitud de la esposa hacia su esposo? →

4.
¿Por qué la esposa
debe someterse a
su esposo como
la Iglesia se somete
al Señor?

5.
¿Cuál debe ser
la actitud del
esposo hacia
su esposa?

6.
¿Quién es el
modelo que el
esposo debe
imitar para amar
a su esposa?

TRABAJO 6

a.   La separó del mundo

b.   Se entregó por ella

c.   La conquistó con promesas

7.
¿Qué hizo Cristo
por amor a
la Iglesia?
Elige la respuesta
correcta.

8.
Según se afirma en
Colosenses 3:19,
¿cuál es la actitud
negativa que el
esposo debe
desechar en el trato
hacia su esposa?

El Espíritu Santo, por medio del apóstol Pablo, muestra la relación de cabeza y cuerpo entre Cristo y su Iglesia, como modelo para la relación de esposo y esposa. El modelo de Cristo con la Iglesia no tiene fallas ni se puede mejorar. Si el matrimonio se ajusta a ese modelo, tendrá el privilegio de vivir bajo la autoridad de Cristo.

Con base en ese modelo, a ambos cónyuges se les dan órdenes claras y precisas. La esposa debe *someterse a su esposo* como la Iglesia está sujeta a Cristo. El esposo debe *amar a su esposa y entregarse por ella* como Cristo lo hizo con su Iglesia.

Ambas son órdenes del Espíritu y apelan a la responsabilidad de cada uno de los cónyuges.

> LA ESPOSA DEBE SOMETERSE A SU ESPOSO EN RECONOCIMIENTO DE QUE ÉL ES SU CABEZA, ASÍ COMO CRISTO ES CABEZA DE LA IGLESIA.

Se puede pensar que estas instrucciones son innecesarias, porque todo matrimonio que pertenece a Cristo debería responder naturalmente a ellas. Sin embargo, el hecho de pertenecer a Cristo no garantiza que el esposo ame a su esposa como Cristo amó a su Iglesia, ni que la esposa esté dispuesta a someterse a su esposo como la Iglesia se sujeta a Cristo. Estas son decisiones voluntarias que ambos deben tomar conscientemente.

Cuando el esposo ejerce su autoridad siguiendo el ejemplo de Cristo, la autoridad del Señor respalda al esposo.

Con este respaldo, el marido ejercita una autoridad integral que le brinda a su esposa *dirección, protección y provisión*.

> EL ESPOSO DEBE IMITAR EL EJEMPLO DE CRISTO, AMANDO A SU ESPOSA Y ENTREGÁNDOSE POR ELLA; ASÍ NUNCA ACTUARÁ DURAMENTE CON ELLA.

→ Observa Efesios 6:4 y Colosenses 3:21, y contesta las siguientes preguntas.

¡A trabajar!

9.
Según ambos pasajes, ¿cuál es la actitud que no deben tener los padres como autoridad?

10.
De acuerdo con las instrucciones mencionadas en Efesios, ¿cómo deben criar los padres a sus hijos?

TRABAJO 6

La autoridad de Dios para la vida de los hijos está representada por los padres. Por tal razón, no deben hacer enojar a sus hijos con acciones injustas, palabras ofensivas, conductas reprobables o cualquier otra actitud que no provenga del Señor.

La responsabilidad de los padres en la formación de sus hijos incluye dos aspectos: *Disciplina e instrucción del Señor.* La disciplina se relaciona con *el trato que se le debe dar al niño*, es decir, el uso de normas, reglas, y aun castigos, en el proceso de educación, de manera que la personalidad del hijo sea formada. La instrucción se relaciona con *los conceptos y principios que deben sembrarse en la mente del niño.* Es la formación a través de la palabra hablada, la cual incluye corrección, enseñanza, consejo, orientación y ánimo.

Disciplinar e instruir a los hijos deben ser labores hechas *en el Señor*. Esta pauta divina descarta por completo una formación basada en el temperamento de los padres, en su manera de pensar, en la educación recibida y en los parámetros psicológicos y culturales del mundo. Los padres forman a sus hijos *en el Señor*, siendo ejemplo para ellos y educándolos con los principios establecidos en la Palabra. Si los padres son dóciles para que Cristo los forme, tendrán éxito en la tarea formativa de disciplinar e instruir a sus hijos. Solo así, los padres alcanzan la autoridad moral de formar a sus hijos.

Es muy importante aclarar el significado del término *padres* utilizado en estos versículos. Habitualmente se ha interpretado que este término incluye al padre y a la madre. Sin embargo, el significado de la palabra griega original 'pater' se refiere exclusivamente al varón. Siendo el varón la autoridad del hogar, como esposo y padre, es coherente que tenga la responsabilidad primaria de disciplinar e instruir a sus hijos. Por lo tanto, en el plan del Señor, el varón es el que está a cargo de la formación de los hijos y la esposa trabaja junto a su esposo en realizar esta tarea.

> LOS PADRES NO DEBEN HACER ENOJAR A SUS HIJOS SINO CRIARLOS SEGÚN LA DISCIPLINA E INSTRUCCIÓN DEL SEÑOR. DE ESTA MANERA SON EJEMPLO PARA SUS HIJOS, Y REPRESENTAN DIGNAMENTE LA AUTORIDAD DE CRISTO EN EL HOGAR.

LA AUTORIDAD EN EL TRABAJO

→ En Efesios 6:9 y Colosenses 4:1 hay instrucciones precisas acerca del comportamiento que deben tener quienes ejercen autoridad en el ámbito laboral.

¡A trabajar!

11.
¿Cuáles son
esas instrucciones?

TRABAJO 6

Las autoridades en una empresa deben tener en cuenta que Dios no hace acepción de personas. Por tal razón, ser dueño o directivo de una empresa no significa tener superioridad sobre las personas que están bajo su mando. La autoridad y los recursos humanos que ellos administran no les pertenecen, son del Señor y deberán dar cuentas de cómo los han tratado.

Si bien en el tiempo de Pablo la esclavitud era habitual, en el presente se considera que la esclavitud quedó abolida en casi todas sus formas. Sin embargo, lamentablemente, en el ámbito laboral actual se sigue alimentando un espíritu de esclavitud que oprime a los trabajadores, exigiéndoles desmedidamente mayor productividad, alto rendimiento y mejores logros. En algunos casos ese espíritu se disfraza de metas atractivas; por ejemplo, obtener un mejor nivel económico, alcanzar la realización personal o recibir reconocimiento público. La vida entera se invierte en la efímera satisfacción de lograr sueños y metas. De este modo, existe una esclavitud encubierta que se manifiesta como una opresión descarada, o como una opresión elegante que le da más valor a los objetivos que a las personas.

Por todo ello, el Señor ordena a los amos que no usen amenazas para con los que están bajo su autoridad, sino que actúen de acuerdo con el espíritu de Cristo, con justicia y rectitud, siendo conscientes que ellos también tienen *"... un Amo en el cielo"* (Colosenses 4:1b).

Toda persona con una posición empresarial, que ejerce la autoridad conforme al espíritu de Cristo, quebranta el espíritu de esclavitud y establece la justicia y la rectitud.

TRABAJO 6

NIVELES DE AUTORIDAD (Parte 2)

LA AUTORIDAD EN LA IGLESIA

Dios ha establecido autoridades en la Iglesia. Haz la investigación correspondiente para que definas de qué manera se establece el gobierno de Dios en la Iglesia.

TRABAJO 7

¡A trabajar!

1.
Según
1ª Corintios 11:3,
¿quién es la cabeza
de Cristo?

2.
De acuerdo con
Efesios 5:23,
¿quién es la cabeza
de la Iglesia?

Ya has visto que Dios es la máxima autoridad, y que la ejerce sobre todo. Ahora observaste que Dios es la cabeza de Cristo, y que Cristo es la cabeza de la Iglesia. Esto significa que la Iglesia está sujeta al orden de autoridad que Dios estableció. Por lo tanto, el establecimiento de autoridades espirituales en la Iglesia debe estar ajustado a ese orden, y no debe hacerse de cualquier manera. Cristo es el único que tiene el derecho de establecer autoridades en la Iglesia, porque es su cabeza. El plan del Señor ha sido que esas autoridades reflejen su esencia y le recuerden a la Iglesia que Él es la única cabeza para ella.

El Señor Jesús ejerció cinco ministerios de gran relevancia mientras estuvo en la Tierra, no solo para ese momento histórico sino también para el futuro. El Señor estableció un modelo de autoridad para la Iglesia relacionado con esos cinco ministerios.

¡A trabajar!

3.
Los cinco ministerios de Jesús están registrados en las citas bíblicas mencionadas. Escribe el que corresponde a cada pasaje.

TRABAJO 7

a.   **Hebreos 3:1** _____

b.   **Mateo 21:11** _____

c.   **Lucas 8:1** _____

d.   **1ª Pedro 2:25; 5:4** _____

e.   **Juan 13:13** _____

Jesucristo no solo desarrolló estos cinco ministerios cuando vivió en el mundo, sino que son parte de su esencia. Estos ministerios son indispensables para la Iglesia, así que, a partir de su ascensión a los cielos, Jesucristo escoge a diferentes personas en quienes deposita estos cinco oficios ministeriales para beneficio de la Iglesia. El Señor decidió delegar su autoridad en la Iglesia de esta manera para que sea dirigida y capacitada conforme al modelo que Él mismo estableció.

→ Para responder las siguientes preguntas, lee Efesios 4:7-11.

¡A trabajar!

4. Confirma quién constituyó los ministerios mencionados en este pasaje.

a. _____

b. _____

c. _____

d. _____

e. _____

5. Escríbelos en el orden en que son mencionados.

6. Según los versículos 12 al 16 del mismo capítulo, ¿con qué fin se constituyeron estos cinco ministerios?

TRABAJO 7

TRABAJO 7

Estas cinco funciones ministeriales no son el resultado de la invención humana, ni tampoco una opción de gobierno para la Iglesia. La designación, función y constitución de estos ministerios son una determinación soberana del dueño de la Iglesia, Jesucristo. Cuando se tiene claridad de que Jesucristo mismo les delegó autoridad a estos cinco ministerios, se puede comprender la función tan relevante que desarrollan a favor de la Iglesia.

La responsabilidad de estos ministerios es muy grande porque deben asegurarse de que Cristo está conduciendo y dirigiendo a la Iglesia a través de ellos. A su vez, la responsabilidad de la Iglesia es comprender el valor del gobierno divino y vivir sujeta a él, con el objetivo de ser el canal que el Señor utilice para que su voluntad se haga en la Tierra.

Es evidente que apóstoles, profetas, evangelistas, pastores y maestros, tienen el propósito definido de perfeccionar a la Iglesia hasta que alcance su completa madurez. Las diferentes autoridades en el mundo elaboran planes y los llevan a cabo según sus criterios. En cambio, la elaboración de planes de acuerdo con criterios humanos no tiene cabida en la Iglesia. El éxito de la labor de quienes ejercen estos cinco oficios depende de que escuchen y obedezcan la voz del Espíritu Santo. Solo así pueden recibir *el plan de Dios* e implementarlo *a la manera de Dios*.

> JESUCRISTO CONSTITUYÓ LOS CINCO MINISTERIOS PARA CAPACITAR A LOS DISCÍPULOS PARA LA OBRA DE SERVICIO, A FIN DE QUE EL CUERPO DE CRISTO SEA EDIFICADO POR EL SEÑOR.

DIRIGENTES CON ESPÍRITU DE SERVICIO

a. Administrador

b. Dueño

a. Cabeza

b. Siervo

¡A trabajar!

7.
Lee Mateo 16:18 y deduce cuál es la función de Cristo con relación a la Iglesia, por lo cual Él dijo *"mi iglesia"*.

8.
Según Efesios 1:22, ¿cuál es la palabra que especifica otra función de Cristo con relación a su Iglesia?

9.
¿Qué debe caracterizar a las personas que reciben autoridad delegada por el Señor, según Mateo 20:25-28?

10.
De acuerdo con 1ª Corintios 4:1-2, ¿qué deben demostrar quienes son servidores de Cristo?

TRABAJO 7

11.
¿Cómo debe comportarse la autoridad delegada, según 1ª Pedro 5:2-3?

→

12.
¿Qué significa para ti que la autoridad delegada no ejerza tiranía sobre la congregación?

→

TRABAJO 7

"Mi pastor es mi cabeza" es una expresión usada por algunos cristianos para referirse a su autoridad espiritual, pero este es un concepto erróneo. La Palabra de Dios enseña que la única cabeza de la Iglesia es Cristo, y que toda persona que preside o dirige es una autoridad delegada, pero jamás puede ocupar la función de cabeza. Cuando la labor de dirigir se malentiende, se cae rápida e inconscientemente en el error de ejercer control y autoritarismo, los cuales desencadenan en una tiranía que oprime a la congregación. ¿Por qué una autoridad llega a desviarse de este modo? En primera instancia, porque en lugar de considerarse una autoridad delegada, cree que la autoridad le es inherente y no la recibió de nadie. En segunda instancia, como consecuencia de su arrogancia, usa a la iglesia local para sus propósitos personales.

> QUIENES EJERCEN AUTORIDAD DELEGADA DEBEN CARACTERIZARSE POR SER SERVIDORES DE LOS DEMÁS. DEBEN DEMOSTRAR QUE SON DIGNOS DE CONFIANZA.

Uno de los principios que Jesús transmitió a sus discípulos acerca de la autoridad en el Reino, fue que debía ejercerse con un espíritu de servicio. La autoridad delegada está puesta para servir a Cristo y a sus propósitos. Al cumplir este objetivo, desarrolla un espíritu de servicio que se evidencia en entrega para servir a la Iglesia por amor. Aunque alguien sirva de varias maneras y con entusiasmo, si el espíritu de servicio está ausente, hay una deformación de la autoridad que provoca daño a la Iglesia y al Reino. Cuando Cristo delega autoridad, demanda que esa autoridad sea implementada conforme a su modelo: *un dirigente-siervo*.

> EL COMPORTAMIENTO DE LAS AUTORIDADES DEBE SER EJEMPLAR, SIRVIENDO A LA IGLESIA VOLUNTARIAMENTE, SIN AMBICIÓN DE DINERO Y SIN EJERCER TIRANÍA SOBRE LA CONGREGACIÓN.

Cuando la autoridad delegada tergiversa el objetivo de su función, tiende a hacer una clasificación degradante, porque piensa que los dirigentes son los señores y los miembros son los súbditos. Esta actitud denigrante hace a un lado la verdad de que todos los creyentes, sin excepción, conforman el cuerpo de Cristo y *"... deben sujetarse los unos a los otros"* (Efesios 5:21b, TLA).

TRABAJO 7

DEFORMACIONES DE LA AUTORIDAD

Has estudiado anteriormente que Dios le delega autoridad al ser humano, aunque este no lo sepa. Pero si la persona que ejerce autoridad no conoce a Dios y no comprende su carácter, pervierte la autoridad recibida y abusa de ella. Dios estableció el modelo para el ejercicio de la autoridad y requiere que sea practicada según su carácter. Quien se aparta del modelo, terminará por deformar la autoridad.

¡A trabajar!

13.
En los pasajes bíblicos citados encontrarás las siguientes deformaciones de la autoridad: MANIPULACIÓN, DEBILIDAD, REBELDÍA, DESGOBIERNO, TIRANÍA. Al lado de cada pasaje escribe la palabra que corresponde.

a. Isaías 1:23 _____

b. Mateo 2:16 _____

c. 1º Samuel 2:22-25, 29 _____

d. 1º Reyes 21:4-16 _____

e. Éxodo 32:1-4; 21-26 _____

La *rebeldía* es producto de la soberbia. Es un principio satánico porque la persona rebelde se constituye en su propia autoridad y procede como Satanás, quien quiso ocupar el lugar de Dios (ver Isaías 14:13-15).

La *tiranía* es una manifestación de autoritarismo o abuso de autoridad. Está asociada al miedo que una persona tiene de perder la posición en la cual se encuentra.

La *debilidad* en el uso de la autoridad es el signo de una persona que sabe lo que tiene que hacer, pero no está dispuesta a pagar el precio de hacerlo. Esta debilidad se manifiesta en aquellas autoridades que viven por debajo de las exigencias de su función.

La *manipulación* es el recurso que una persona utiliza con el propósito de conseguir lo que se ha propuesto, sin importar los medios que deba usar para lograrlo. De esa manera, controla a personas y situaciones, tergiversando la verdad y la justicia.

El *desgobierno* se produce por la ausencia de firmeza y determinación en la autoridad. Provoca desánimo, desorden y desenfreno en quienes están bajo esa autoridad.

La responsabilidad de la autoridad es muy grande. Quien no refleja el modelo de autoridad de Dios, no solo deforma su desempeño, sino que arrastra a las personas que dirige a un estado de vacío y sin sentido de propósito. Esto provoca que la autoridad pierda su dignidad como representante de Dios, y además se hace indigna ante la gente. ¿Puede una persona con estas características negativas exigir sujeción, respeto y obediencia de quienes están a su cuidado?

TRABAJO 7

¡A trabajar!

14.
A la luz del planteo realizado, lee Mateo 15:14 y responde, ¿en qué condición se encuentran quienes deforman la autoridad y qué consecuencia provoca su mal desempeño?

Quien ejerce autoridad y la deforma, empieza a sufrir de ceguera en el desarrollo de su función. Esa falta de visión perjudica a quienes guía, privándoles de propósito, dirección y meta. Esta es la descripción de lo que ocurría con las autoridades religiosas de la época de Jesús, a las cuales Él enfrentó con la verdad de Dios.

Ha quedado demostrado que cuando Dios delega autoridad, requiere que quienes la administran lo hagan con sus mismos parámetros. A muchas personas que están en autoridad se les escucha decir: "Aquí mando yo y no escucho a nadie"; "yo soy quien lleva los pantalones"; "en esta casa se hace mi voluntad y no hay nadie que me haga cambiar"; "en mi iglesia, la última palabra la tengo yo". Todas estas afirmaciones son signos de obstinación y no de autoridad; quien alardea de su autoridad no conoce su significado.

La autoridad es una influencia que beneficia a los que la reconocen. La clave para ejercerla adecuadamente es escuchar y obedecer a Dios, por lo tanto, toda persona en autoridad que no lo hace, tarde o temprano la deforma.

Jesús es el ejemplo más evidente de lo que significa oír y obedecer a Dios para ejercer correctamente la autoridad. Sus palabras así lo demuestran: *"Les aseguro que yo, el Hijo de Dios, no puedo hacer nada por mi propia cuenta. Sólo hago lo que veo que hace Dios, mi Padre"* (Juan 5:19, TLA).

LA IGLESIA Y LAS AUTORIDADES

La Palabra de Dios enseña acerca de la conducta que la Iglesia debe tener hacia todo tipo de autoridad. Al perseverar en la conducta establecida por el Señor, la Iglesia muestra a Cristo en su actitud de sujeción a la autoridad.

¡A trabajar!

a. **Romanos 13:1, 3, 5-7** _____
_____
_____

b. **1ª Pedro 2:13-14, 17** _____
_____
_____

c. **Tito 3:1-2** _____
_____
_____

d. **1ª Timoteo 2:1-2** _____
_____
_____

1.
Observa cada pasaje bíblico y escribe únicamente lo que se refiere a la conducta de los miembros de la Iglesia hacia las autoridades.

TRABAJO 8

Las Escrituras establecen los principios que los cristianos deben tener presentes en su conducta hacia la autoridad, para que la Iglesia sea ejemplo en el mundo. La Palabra no da lugar a que los hijos de Dios tengan actitudes incorrectas hacia las autoridades; por el contrario, les ordena someterse, respetarlas y obedecerlas. Además, deben orar y rogar por ellas, a fin de vivir de manera pacífica y tranquila, honrando a Dios dignamente.

COMO CORRESPONDE

Es muy importante observar en detalle el comportamiento de los miembros de la Iglesia hacia las autoridades espirituales que Dios ha colocado en el cuerpo.

¡A trabajar!

TRABAJO 8

2.
Apunta cada una de las actitudes mencionadas en cada pasaje bíblico.

a.   1ª Tesalonicenses 5:12-13 _____

_____

_____

b.   1ª Timoteo 5:17-19 _____

_____

_____

c.   Hebreos 13:7 y 17 _____

_____

_____

d.   1ª Pedro 5:5 _____

_____

_____

Las instrucciones de la Palabra referidas a la actitud de los creyentes hacia sus autoridades espirituales contienen un profundo e importante significado. Todas ellas reflejan el respeto y el reconocimiento voluntario hacia quienes representan la autoridad del Señor en su Iglesia.

Es importante hacer una aclaración relacionada con Hebreos 13:7 y 17. En el original griego de estos versículos aparece la palabra 'hegouménos', que se traduce de diferentes maneras en las versiones en español de la Biblia. Las diferencias entre las traducciones se deben a que el término no se refiere exclusivamente a los pastores, ya que su sentido es más amplio e incluye a todos aquellos que conducen, guían, dirigen y ejercen algún tipo de autoridad en la Iglesia. Por lo expuesto, es obvio que el término alude a los cinco oficios ministeriales, y a otras personas que tienen autoridad espiritual, y que ministran la Palabra siendo un ejemplo de vida para la Iglesia.

Si tanto las autoridades espirituales como los miembros del cuerpo reconocen que Jesucristo los gobierna, cada uno de ellos actuará como corresponde, con un profundo entendimiento de sujeción y respeto de los unos a los otros. De esta forma el cuerpo funcionará armoniosamente.

Cuando el miembro de una iglesia se sujeta a quienes lo presiden o dirigen, implícitamente se está sujetando a Cristo. La sujeción honra a la autoridad, y por ende, también honra al Señor.

El reconocimiento, la estima, la obediencia y la sujeción tienen su fundamento en el amor. Hay un principio espiritual que guía las acciones en la Iglesia de Cristo; la Palabra lo especifica de esta manera: *"Si alguno dice: «Amo a Dios» pero odia a un hermano en Cristo, esa persona es mentirosa pues, si no amamos a quienes podemos ver, ¿cómo vamos a amar* a Dios, a quien no podemos ver? Y él nos ha dado el siguiente mandato: los que aman a Dios amen también a sus hermanos en Cristo" (1ª Juan 4:20-21, NTV). Las relaciones entre hermanos en Cristo no están basadas en un sentido de obligatoriedad que exige actitudes impuestas e involuntarias. Más bien, el amor derramado en el cristiano por el Espíritu Santo es el agente movilizador de la comunión y la sujeción.

¿QUÉ ES LA SUMISIÓN?

La autoridad y la sumisión son inseparables. Comprender el valor de la sumisión resulta indispensable para que tengas un conocimiento preciso del pensamiento de Dios al respecto.

→ Lee Romanos 13:1-7 y responde.

¡A trabajar!

TRABAJO 8

3.
¿Por qué se les ordena a las personas someterse a las autoridades públicas? (v. 1) →

4.
Si alguien se opone a la autoridad, ¿contra qué se rebela? (v. 2) →

5.
Siendo que la
autoridad pública
está puesta por
Dios para
representarlo,
¿cuál debe ser
su responsabilidad
al gobernar? (v. 3)

6.
¿A quién sirve el
gobernante que
cumple fielmente
su responsabilidad
y para qué está en
su función? (v. 4)

7.
Hay dos razones
por las que
es necesario
someterse a
las autoridades,
¿cuáles son? (v. 5)

8.
Reflexiona y
determina cuál
de las dos razones
crees que debe ser
la base de la
conducta del cristiano
para someterse a
la autoridad.

TRABAJO 8

Los principios descritos en los versículos que analizaste se constituyen en el patrón de conducta inexcusable para todo cristiano. Ya has aprendido que la autoridad es más que un atributo de Dios, es Él mismo manifestado. Por esta razón, resistir a la autoridad es un pecado grave que "golpea" directamente a Dios.

> LOS HIJOS DE DIOS DEBEN SOMETERSE A LAS AUTORIDADES PÚBLICAS PORQUE HAN SIDO ESTABLECIDAS POR EL SEÑOR. DE MANERA QUE, QUIEN SE OPONE A LA AUTORIDAD, SE REBELA CONTRA LO QUE DIOS INSTITUYÓ.

Cuando la Escritura se refiere a la función y a la conducta de quienes ejercen autoridad pública, los describe como quienes *sirven a Dios* haciendo lo que es justo y recto. Cuando Dios delega autoridad requiere que sea administrada con justicia y rectitud, de manera que esos principios son pilares en el desempeño de la autoridad.

Las personas que ejercen autoridad son responsables del uso que hagan de ella. La Palabra jamás sugiere que Dios aprueba un gobierno corrupto, ni cualquier tipo de legislación o conducta injusta. Por lo tanto, si la autoridad no se ejerce respetando los parámetros divinos, la responsabilidad no es del Señor, sino de cada gobernante, que ineludiblemente dará cuenta ante Dios por su proceder.

> LA RESPONSABILIDAD DE LOS GOBERNANTES NO ES ATEMORIZAR A AQUELLOS QUE ACTÚAN CORRECTAMENTE, SINO A LOS QUE HACEN LO MALO. EL GOBERNANTE QUE CUMPLE BIEN SU RESPONSABILIDAD SIRVE A DIOS, PORQUE IMPARTE JUSTICIA Y CASTIGA AL MALVADO.

TRABAJO 8

Ahora bien, así como las autoridades deben ser responsables en su función, los hijos de Dios deben mostrar una actitud adecuada de sumisión hacia ellas. Indudablemente, la sumisión que el Señor requiere de sus hijos nunca puede estar vinculada a una actitud externa de obediencia fría o hipócrita a ciertas leyes. Por el contrario, es algo mucho más trascendente. Entonces... ¿qué es la sumisión? Es un asunto espiritual relacionado estrictamente con la naturaleza y el espíritu de Cristo que habitan en cada creyente. Por lo tanto, la sumisión es la actitud natural que nace del corazón de quien ha tenido un encuentro con Dios como autoridad. El reconocimiento de la autoridad de Dios produce la disposición de vivir sujeto a la autoridad. Por esta razón, la sumisión es parte de la voluntad del creyente, y se demuestra con acciones externas de sometimiento y de respeto a la autoridad. La sumisión no es negociable y no cambia. El espíritu de sumisión se mantendrá intacto, más allá de la actitud o el proceder de la autoridad delegada.

La Palabra establece que la sumisión de los hijos de Dios a las autoridades no solo es para evitar el castigo, sino también por razones de conciencia. Ahora bien, si la sumisión se basara primordialmente en el temor al castigo por obrar mal, sería una sumisión autoimpuesta de respeto y obediencia por miedo a las consecuencias. En cambio, la sumisión debe estar motivada por una conciencia limpia ante el Señor, con la intención de honrarlo a Él en primer lugar, y luego, someterse genuinamente a las autoridades humanas.

¡A trabajar!

9.
Lee Hechos 5:25-29 y 1ª Pedro 2:17-20, y explica por qué en un caso Pedro y los apóstoles desobedecieron a las autoridades, y en el otro, Pedro ordenó a los criados obedecer y someterse.

¿Se puede desobedecer y mantener el espíritu de sumisión? Sí, esto fue lo que ocurrió con Pedro y los apóstoles cuando fueron arrestados y presentados ante el Consejo religioso para ser confrontados por su desobediencia. La respuesta de los apóstoles se puede parafrasear con las siguientes palabras: "Hemos oído claramente la prohibición, sin embargo, debido a que la instrucción que nos dieron es contraria a lo establecido por Dios, es necesario, señores, que obedezcamos al Señor antes que a ustedes o a cualquier autoridad humana". Estas palabras certifican que la desobediencia es válida cuando aquello que la autoridad ordena es contrario a la voluntad de Dios. Por lo tanto, los apóstoles, al desobedecer, honraron al Señor sin desacreditar a la autoridad humana, porque mantuvieron el respeto que caracteriza al espíritu de sumisión.

Pedro ordenó a los criados obedecer a sus amos, aunque algunos fueran insoportables. Les hizo ver que el Señor se complace con aquellos hijos cuya conducta es recta y justa, aun si sufren injustamente. Pedro no instruyó a los criados a obedecer órdenes de sus amos contrarias a la voluntad de Dios, o que lo deshonraran. Es obvio que nadie recibe recompensa por hacer lo malo, pero si alguno sufre por hacer el bien, el Señor se agrada de esa persona. Pedro instaba a los hermanos a mantener una actitud de sumisión que representara al Señor dignamente. *La sumisión es permanente pero la obediencia es circunstancial.*

INTERRELACIÓN

Es necesario comprobar cómo se establece el equilibrio adecuado en la actitud de sumisión dentro del cuerpo de Cristo.

¡A trabajar!

10.
Según Efesios 5:21, ¿quiénes se someten y a quién? ¿Bajo qué parámetro?

11.
Según Filipenses 2:3, ¿qué no se debe hacer y qué sí se debe hacer?

TRABAJO 8

La reverencia a Cristo es el ingrediente fundamental para la sumisión dentro del cuerpo, de manera que todos los miembros se sometan unos a otros sin establecer categorías. En la sociedad contemporánea, parece natural enfrentarse a reacciones de egoísmo y vanidad de las personas. Sin embargo, esas actitudes son completamente contrarias al Espíritu del Señor e inaceptables en la Iglesia. Si los cristianos se permiten vivir bajo la influencia de ese tipo de conducta, estimarán a los demás como inferiores, y atentarán contra el funcionamiento armónico y saludable del cuerpo. En cambio, la humildad es como un lente a través del cual se puede ver a los demás como superiores a uno mismo. Esta actitud espiritual libera la sumisión de los unos a los otros en el cuerpo de Cristo. La humildad siempre va de la mano de la sumisión.

INDEPENDENCIA DESTRUCTIVA

Hay personas que se consideran cristianas y que dicen estar sujetas al Señor, pero que en realidad nunca se sujetan a ninguna autoridad establecida por Él. Si una persona no quiere sujetarse a una autoridad humana, en verdad nunca se ha sujetado a Dios. Ese estilo de vida es una demostración de lo que significa la independencia destructiva.

→ En 2° Reyes capítulo 5 se presenta un caso particular que te dará claridad sobre el tema. Léelo con atención.

¡A trabajar!

1.
¿Qué le ofreció Naamán al profeta Eliseo cuando recibió sanidad de la lepra? (v. 15)

2.
¿Cuál fue la respuesta de Eliseo a Naamán con respecto al regalo? (v. 16)

TRABAJO 9

equipamiento para todos
Nivel 2: Seguridad

3.
¿Qué hizo Guiezi
cuando vio que
Eliseo no recibió →
el regalo
de Naamán?
(vs. 20-21)

4.
¿A quién consultó
Guiezi para llevar →
a cabo su plan?

5.
¿Qué decidió usar Guiezi
con Naamán y con
Eliseo para que no lo →
descubrieran?
(vs. 22, 25)

6.
Cuando Guiezi se
presentó delante
de Eliseo, ¿cómo →
se descubrió
su mentira y
qué le sucedió?
(vs. 26-27)

TRABAJO 9

Cuando una persona no comprende ni valora el espíritu de sumisión, entonces no se sujeta a la autoridad y actúa de manera independiente. Como consecuencia, sus motivaciones ocultas quedan al descubierto. Precisamente eso fue lo que le sucedió a Guiezi por no sujetarse a Eliseo. La avaricia de su corazón lo engañó de tal modo, que el plan mentiroso que había elaborado para enriquecerse terminó atrapándolo. La autoridad a quien Guiezi no honró fue el instrumento divino para que la lepra que afectó a Naamán se les pegara a él y a sus descendientes para siempre.

> GUIEZI SIGUIÓ A NAAMÁN PARA PEDIRLE UNA PARTE DEL REGALO QUE HABÍA PREPARADO PARA ELISEO. LLEVÓ A CABO SU PLAN SIN CONSULTAR CON NADIE, Y LES MINTIÓ A NAAMÁN Y A ELISEO.

Las personas que desarrollan actitudes de falta de sumisión creen que sus pensamientos y convicciones son correctos, y sobre esa base, practican una independencia destructiva, sin someterse a nadie. Es probable que dichas actitudes no lleven implícitas ambiciones de poder o de ejercer mando y autoridad, sin embargo, estas personas desconocen el principio de trabajar bajo autoridad, haciéndolo desordenada e independientemente. Siempre trabajan a su manera y no quieren ocupar el lugar que Dios tiene para ellas en el cuerpo de Cristo. En la obra de Dios no hay lugar para el servicio individualista.

> ELISEO DESCUBRIÓ LA MENTIRA DE GUIEZI POR REVELACIÓN DEL ESPÍRITU. CON AUTORIDAD, DECLARÓ QUE LA LEPRA DE NAAMÁN LE SERÍA TRANSFERIDA A GUIEZI Y A SU DESCENDENCIA.

DESOBEDIENCIA VS. REBELDÍA

Generalmente se identifica toda desobediencia como rebeldía, confundiendo el sentido real de ambos términos. Sin embargo, no toda desobediencia es rebeldía.

¡A trabajar!

7.
Para entender apropiadamente lo antedicho, investiga algunos pasajes bíblicos que arrojarán luz sobre el tema; observa las acciones, y escribe si se trata de desobediencia o de rebeldía.

→

a. Éxodo 1:17 _____

b. Daniel 3:15-18 _____

c. Hechos 4:18-20 _____

La obediencia tiene relación directa con el proceder o la conducta de una persona y, por lo tanto, es *relativa*. La sumisión tiene relación con la actitud y el espíritu que se deben guardar en el corazón y, por lo tanto, es *absoluta*.

Mateo 23 expone un ejemplo para entender la diferencia entre obediencia y sumisión. Jesús debía estar sujeto a las autoridades religiosas de su tiempo; sin embargo, las confrontó debido a la inconsistencia moral y a la hipocresía de sus actitudes y estilo de vida. Los desenmascaró públicamente con el propósito de evitar que la gente fuera engañada por su hipocresía. Se podría deducir que esta actitud de Jesús hacia las autoridades religiosas fue una manifestación de rebeldía, pero esa deducción sería incorrecta. ¿Por qué? Porque cuando las acciones de la autoridad delegada están en contra de lo que Dios es y establece, se debe desobedecer a la autoridad, manteniendo el espíritu de sumisión.

En los pasajes bíblicos que analizaste se evidenció un común denominador en todos los casos; hubo desobediencia a la autoridad, pero no significó rebeldía. ¿Es posible desobedecer y no ser rebelde? Aparentemente toda desobediencia es mala; sin embargo, si las órdenes y acciones de la autoridad son contrarias a la voluntad de Dios, destructivas, moralmente corruptas, arbitrarias o que conducen al pecado, no deben ser obedecidas. Esta clase de desobediencia no es rebeldía.

¿QUÉ ES LA REBELDÍA?

Habiendo afirmado que la desobediencia no siempre implica rebeldía, es conveniente determinar qué es la rebeldía y en qué consiste.

¡A trabajar!

8.
Lee Isaías 14:12-14 y puntualiza quién se rebeló y dónde nació su rebeldía.

9.
¿En qué consistió la rebeldía de Satanás?

TRABAJO 9

10.
Ahora, lee Números 26:9 y determina quiénes se rebelaron y qué posición tenían dentro del pueblo.

$\rightarrow$

11.
Lee Deuteronomio 9:1 y 7 para responder a quién calificó Moisés como rebelde contra el Señor.

$\rightarrow$

Para las siguientes preguntas, lee el pasaje bíblico que se transcribe a continuación:

[22] *Samuel le contestó: "¿Y crees que al Señor le gustan tus holocaustos y ofrendas más que la obediencia a sus palabras? Entiende que obedecer al Señor es mejor que ofrecerle sacrificios, y que escucharlo con atención es mejor que ofrecerle la grasa de los carneros.* [23] *Ser rebelde es lo mismo que practicar la adivinación, y ser obstinado es lo mismo que ser idólatra. Puesto que tú no tomaste en cuenta lo que el Señor te ordenó, tampoco él te toma en cuenta como rey de Israel".*

1° Samuel 15:22-23, RVC

¡A trabajar!

12.
¿Qué gravedad tiene la rebeldía ante los ojos de Dios?

13.
¿Por qué se relacionan la rebelión con la adivinación y la obstinación (terquedad) con la idolatría? Escribe tus conclusiones.

14.
La rebeldía y la adivinación están asociadas porque tienen un propósito perverso en común. Selecciona la frase que describe ese propósito.

a.   Desear poder para dominar

b.   Desear poder para servir a los demás

TRABAJO 9

15.
La idolatría y la obstinación poseen una misma intención. Selecciona la frase que representa esa intención.

a.   Dar culto a Dios

b.   Suplantar a Dios

La rebeldía tiene su origen en Satanás, quien condujo al ser humano a pecar contra Dios, para poner su simiente de maldad dentro de él. La rebeldía se caracteriza por aborrecer la autoridad y oponerse a ella. Tiene como propósito desligarse de cualquier autoridad establecida, independientemente de quien la ejerza, y sin importar si sus órdenes son buenas o malas. Tiene problemas con todo lo que representa autoridad y, por ende, con las personas que la ejercen.

PARA DIOS, LA REBELDÍA ES TAN GRAVE COMO LA ADIVINACIÓN, PORQUE ES UNA SEMILLA DIABÓLICA DENTRO DEL SER HUMANO QUE NO PUEDE TRATARSE, SINO QUE DEBE EXTIRPARSE.

La obstinación es una actitud extremadamente terca e intransigente. Nunca está dispuesta a ceder y se aferra a sus propios conceptos testarudos.

La Palabra de Dios compara la adivinación con la rebeldía como si fueran el mismo pecado, debido a que proceden del mismo origen: *el deseo de obtener poder para dominar*. De igual modo, compara la idolatría con la obstinación, debido a que así como el idólatra adora a dioses falsos, el obstinado se idolatra a sí mismo porque se considera su propio dios. Ambos pecados tienen una misma intención: *suplantar a Dios*.

LA REBELDÍA DUERME AFUERA

A partir de este momento podrás comprobar si la rebeldía "está durmiendo afuera o adentro de la casa".

Lee el siguiente pasaje:

Porque antes también nosotros éramos insensatos y rebeldes; andábamos perdidos y éramos esclavos de toda clase de deseos y placeres. Vivíamos en maldad y envidia, odiados y odiándonos unos a otros.

Tito 3:3, DHH

¡A trabajar!

16.
Determina en qué momento de su vida una persona es rebelde, ¿antes o después de pertenecer a Cristo?

17.
De acuerdo con Efesios 2:1-2, ¿en qué condición estaban los efesios cuando eran rebeldes?

TRABAJO 9

Habrás notado que toda actitud de rebeldía era parte del *antes* de la vida de los creyentes en Cristo. En ese tiempo pasado, ellos estaban muertos espiritualmente, dominados por el pecado y esclavizados por el diablo. En ese estado era normal que fueran rebeldes, porque no habían experimentado el nuevo nacimiento. El Nuevo Testamento no registra ninguna enseñanza confrontando directa y específicamente la rebeldía en los nacidos de nuevo. Aunque esto parezca revolucionario, es absolutamente normal, porque a partir del nuevo nacimiento la rebeldía es erradicada de la vida de los creyentes. En síntesis, la rebeldía no es parte de la vida normal de la Iglesia.

> LAS PERSONAS SON REBELDES ANTES DE PERTENECER A CRISTO, PORQUE ESTÁN MUERTAS ESPIRITUALMENTE.

Durante el Antiguo Pacto la rebelión se manifestaba habitualmente porque ese pacto no tenía el poder de quitar la rebeldía proveniente de la simiente del diablo. A partir del Nuevo Pacto, la rebelión fue un espíritu vencido por Jesucristo. Al consumar el plan de redención, el Señor obtuvo un triunfo rotundo que lo habilitó para anular el poder del pecado y transferirle al creyente su misma naturaleza. Por este equipamiento sobrenatural, todo hijo de Dios es liberado del espíritu de rebeldía y puede experimentar la misma sumisión y obediencia en la que Cristo vivió. En la enseñanza del Nuevo Testamento está implícito que un nacido de nuevo en Cristo y que obedece la guía del Espíritu *no puede ser rebelde.*

¡A trabajar!

18.
La Palabra no registra manifestaciones de rebeldía en la Iglesia naciente como algo frecuente. Sin embargo, en la Iglesia de hoy pareciera ser un asunto cotidiano. ¿Cuál crees que es la razón para que esto suceda?

Cuando la Iglesia comenzó a crecer y a desarrollarse, enfrentó problemas de conductas pecaminosas y de relaciones interpersonales, así como otros malos comportamientos que podían ser corregidos por la asistencia del Espíritu Santo. Cualquier conducta equivocada se puede corregir; por el contrario, la rebeldía no se puede corregir y debe erradicarse.

El pecado presenta un cuadro de *causa* y *efecto*. Pecado es independizarse de Dios, y se reconoce como la *causa*. Los pecados son las acciones que se cometen como consecuencia del pecado, y representan el *efecto*. El pecado convirtió a la naturaleza humana en una naturaleza pecadora cuando el ser humano obedeció al diablo y desobedeció a Dios. Usando el engaño, el diablo sembró su semilla de rebeldía en el ser humano y lo convirtió en un rebelde, un hijo suyo (ver Mateo 13:38 y 1ª Juan 3:10).

TRABAJO 9

En la cruz, Jesús eliminó la causa y canceló el efecto. Su obra fue tan poderosa y completa, que a través de ella Él quitó el pecado (causa), y cargó con todos los pecados (efecto) en su cuerpo (ver 1ª Pedro 2:24). Al resucitar, Jesús selló su absoluta victoria sobre Satanás y aseguró a los creyentes que, además de ser libres del pecado, poseen su incorruptible naturaleza divina.

AUTORIDAD EN ACCIÓN

¿De qué sirve un automóvil que está en perfectas condiciones si no se utiliza? ¿Qué propósito cumple un vehículo si solo es admirado por su belleza, pero el dueño nunca lo hace funcionar? El automóvil es un recurso creado para usarse, y se fabricó con el propósito de estar en acción, para que sea de utilidad y brinde un beneficio.

La Iglesia ha recibido autoridad del Señor, pero... ¿de qué sirve esa autoridad si no se utiliza? La Iglesia se ha acostumbrado a hablar de la autoridad, a jactarse de ella y a hacer declaraciones triunfalistas, pero nada de ello produce cambios. La verdad es que la autoridad es un recurso divino que debe activarse. Al hacerlo, la Iglesia es efectiva porque ejecuta los planes de Dios en la Tierra. Cuando la Iglesia ejerce la autoridad bajo la guía del Espíritu Santo, cumple su propósito.

Cada creyente, además de tener el privilegio de recibir autoridad delegada, tiene la responsabilidad de administrarla. Asumir que tiene autoridad y ejercerla convenientemente, resultará en beneficio de la Iglesia y del mundo.

TRABAJO 10

POSICIÓN PRIVILEGIADA

¡A trabajar!

1.
Lee Efesios 2:6 y Apocalipsis 1:6. Define cómo se describe la posición de autoridad del cristiano.

→

2.
1ª Pedro 2:9 expresa la posición de privilegio que el Señor le ha dado a los creyentes. ¿Con qué objetivo recibieron esa distinción?

→

Existe una realidad primordial que da fundamento a la autoridad de los creyentes, y es la unidad entre Cristo y la Iglesia. Cristo es la cabeza, y los creyentes conforman su cuerpo. Lo mismo que posee la cabeza lo tiene el cuerpo. El Señor afirmó: *"... Toda autoridad me ha sido dada..."* (Mateo 28:18, RVC). Es evidente que si Jesucristo, como la cabeza, recibió del Padre toda autoridad, la Iglesia, como su cuerpo, comparte esa misma autoridad. Esta verdad se certifica y amplía con las palabras del Espíritu a los efesios, a través de la carta de Pablo. Allí se declara que el Padre sentó a los creyentes junto con Cristo, en las regiones celestiales. Estar *sentados* en ese territorio implica una *posición de autoridad*. Todo esto demuestra que la Iglesia tiene la misma clase de autoridad única que Cristo posee.

Para evitar confusiones de interpretación, es importante aclarar un concepto relacionado con el lugar donde la Iglesia está sentada. Lo expresado en Efesios 2:6 se refiere a *regiones celestiales* y no a *trono*. Por lo tanto, sería un error deducir que la Iglesia está sentada en el trono de Cristo, junto a Él. En realidad, sentarse en su trono es un lugar de privilegio para quienes se conviertan en vencedores (ver Apocalipsis 3:21).

Después de pasar por la muerte y la resurrección, Jesucristo ascendió a los cielos como señal de su rotunda victoria, y como demostración inequívoca de que había acabado su obra. Por ese triunfo, el Padre lo coronó como Rey del universo y le dio una autoridad que está por encima de todas las cosas. A su vez, la Iglesia también ascendió con Cristo para estar *junto a Él* y recibir una clase de autoridad que contiene todas las cualidades del Cristo ascendido. Quiere decir, que *la clase de autoridad que la Iglesia tiene es proporcional a la posición de victoria alcanzada por Aquel que se la delegó.*

> DIOS HIZO SENTAR A LOS CREYENTES CON CRISTO EN LAS REGIONES CELESTIALES, PARA HACER DE ELLOS UN REINO Y SACERDOTES A SU SERVICIO.

Sumado a todo lo anterior, en el libro de Apocalipsis se afirma que Cristo hizo de los creyentes *un reino*, y *sacerdotes* al servicio de Dios. Ellos han sido capacitados para desempeñar las funciones de reyes y sacerdotes que Él mismo les ha dado por ser *Rey* (ver Apocalipsis 17:14) y *sacerdote* (ver Hebreos 5:6, 7:1-3). Ya has visto que todo lo que Cristo tiene, lo tiene también la Iglesia. Por lo tanto, estas dos funciones son inherentes a la Iglesia. Intentar negar que los creyentes tienen las funciones de reyes y sacerdotes para Dios, es como querer negar que están perfectamente unidos a Jesucristo.

TRABAJO 10

Ahora bien, es necesario que la función de reyes se comprenda en la dimensión correcta. No se trata de señorear sobre otras personas, o creer que se tiene la facultad de transformar a este mundo en un paraíso terrenal, donde el pecado se ha erradicado completamente. Tampoco se puede comparar con el tipo de reinado que Cristo tiene preparado para su Iglesia sobre la Tierra, cuando Él regrese (ver Apocalipsis 5:10). La función de reyes que los creyentes desempeñan en el presente es únicamente para cumplir con autoridad los propósitos del Señor en el mundo, realizando la tarea que expresó el apóstol Pedro al decir, *"... para que anuncien las obras maravillosas de Dios, el cual los llamó a salir de la oscuridad para entrar en su luz maravillosa"* (1ª Pedro 2:9b, DHH).

AUTORIDAD Y PODER

¡A trabajar!

3.
A través de Lucas 9:1-2 y 10:9, 19 determina con qué objetivo la autoridad es dada a los creyentes.

TRABAJO 10

Si bien es cierto que la autoridad recibida por la Iglesia es celestial, no es para que "se quede en las nubes", sino para que se haga manifiesta de forma práctica en el mundo, a favor de la humanidad. Proclamar el Reino de Dios con poder, liberar endemoniados, sanar enfermos y hacer milagros, es la manera en que la gente podrá ver con sus propios ojos que el cielo ha descendido a la Tierra y es real.

La "póliza de seguro" de la autoridad de la Iglesia fue emitida por el mismo Señor, y expresa: *"Sí, les he dado autoridad a ustedes para [...] vencer todo el poder del enemigo; nada les podrá hacer daño"* (Lucas 10:19). La Iglesia debe cumplir con el único requisito de *creerle al Señor y confiar en sus palabras*, sabiendo que nada ni nadie podrá dañarla.

¡A trabajar!

a.   Mateo 7:28-29 _____
_____
_____

b.   Mateo 8:8-9 _____
_____
_____

c.   Marcos 1:25-27 _____
_____
_____

d.   Hechos 3:3, 6-7 _____
_____
_____

e.   Hechos 5:15 _____
_____
_____

f.   Hechos 16:16-18 _____
_____
_____

4.
Algunos ejemplos bíblicos te ayudarán a observar cómo funciona la autoridad recibida. Especifica de qué manera se utilizó en cada caso.

TRABAJO 10

En cada uno de los casos que acabas de observar, pudiste comprobar que cuando la autoridad es puesta en acción, produce resultados trascendentes. Los cristianos tienen autoridad, y no pueden ni deben eludir la responsabilidad de ejercerla, ya que, si no la activan, no podrán realizar las obras que Cristo les encomendó hacer.

Jesús dijo: *"Les aseguro que el que cree en mí hará también las obras que yo hago; y hará otras todavía más grandes, porque yo voy a donde está el Padre"* (Juan 14:12, DHH). Entender la razón por la cual Jesús hizo esta promesa es de mucha importancia. Cuando Él ascendió como vencedor, su Padre lo hizo Señor y Mesías (ver Hechos 2:36). Desde esa posición, le delegó a su Iglesia una autoridad que la capacitó, no solo para hacer las obras que Él hizo, sino obras aún más grandes.

Lee el siguiente pasaje bíblico y posteriormente responde a las preguntas:

> [19] *... y cuán grande y sin límites es su poder, el cual actúa en nosotros los creyentes. Este poder es el mismo que Dios mostró con tanta fuerza y potencia* [20] *cuando resucitó a Cristo y lo hizo sentar a su derecha en el cielo...*
> Efesios 1:19-20, DHH

¡A trabajar!

5.
¿Cuál es el poder que actúa en el cristiano?

6.
¿Con qué palabras se describen las características del poder de Dios?

7.
¿Este poder actúa solo en algunos creyentes o en todos?

8.
Si tienes ese poder, ¿es lógico que dudes a la hora de usarlo, y recurras a otros cristianos esperando que ellos lo usen en tu lugar?

La autoridad y el poder son inseparables. Cuando una persona recibe autoridad está habilitada a ejercer el poder que proviene de esa autoridad. Una persona puede ser idónea para ocupar un cargo, pero mientras no reciba la autoridad para ejercerlo, no podrá utilizar el poder que le otorga ese cargo. En resumen, *la autoridad es la que legaliza el uso del poder*.

La dimensión de la autoridad es la que determina la dimensión del poder. A mayor autoridad, mayor poder, y a menor autoridad, menor poder. A través de tus respuestas comprobaste que el poder que se le ha conferido a la Iglesia *no tiene límites*, porque proviene del Cristo ascendido que se lo entregó.

> LOS CREYENTES POSEEN EL MISMO PODER QUE RESUCITÓ A CRISTO DE LOS MUERTOS, UN PODER GRANDE Y SIN LÍMITES QUE ACTÚA EN TODO HIJO DE DIOS.

Según las Escrituras, ¿se justifica la conducta de un cristiano que duda, que se siente inferior, débil, incapaz e indigno de usar el poder que se le otorgó? Por supuesto que no. Jesús afirmó que ni siquiera el reino de la muerte podrá vencer a la Iglesia (ver Mateo 16:18). Por lo tanto, es incongruente que los creyentes adopten una actitud pasiva, dependiendo permanentemente de otras personas para que ejerciten por ellos el poder que el Señor les concedió.

SUJECIÓN Y AUTORIDAD

La sujeción a la autoridad es un aspecto determinante y primordial que el creyente debe cumplir, para poder ejercer una función de autoridad y hacerlo adecuadamente.

Lee los siguientes pasajes bíblicos:

> [13] Moisés se levantó, junto con su siervo Josué,
> y entonces Moisés subió al monte de Dios.
> [11] ... Después Moisés volvía al campamento,
> pero el joven Josué hijo de Nun, su servidor,
> nunca se apartaba del tabernáculo.
> Éxodo 24:13; 33:11b, RVC

¡A trabajar!

9.
¿Cómo se describe a Josué en ambos pasajes bíblicos?

10.
Según Números 27:15-19, ¿qué hizo Dios con Josué?

Quien tiene claro el significado de la autoridad, sabe estar sujeto a la autoridad delegada. Por esta razón, la Palabra menciona a Josué como siervo y servidor de Moisés. El espíritu de sujeción es una característica muy importante para el Señor, que no se obtiene a través de un curso o de un libro de estudio bíblico. Es un ingrediente fundamental de todos aquellos que reconocen la autoridad divina.

Josué se mantuvo constante en su obediencia y fidelidad hacia Moisés, porque sabía que, al servirlo, estaba sirviendo al Señor. Cuando llegó el momento de nombrar un nuevo dirigente para el pueblo de Israel, Moisés no fue al Señor para "presentarle su candidato", sino para pedirle que Él nombrara a quien había escogido. Sin duda alguna, Josué era la persona más calificada para el Señor. Mientras sirvió a Moisés, Josué demostró ser digno de confianza, y por ese espíritu de sujeción, fue distinguido por el Señor como el nuevo dirigente de Israel.

UN ENCUENTRO CON DIOS COMO AUTORIDAD

La raza humana, en su limitada concepción de autoridad, ha tomado la opinión propia y su juicio de valor como fundamento de su conducta. Sin embargo, es necesario señalar que cuando una persona se encuentra con Jesucristo, necesita que el falso fundamento de su razonamiento sea destruido por la autoridad divina, para que se implante la mente de Cristo.

→ Lee Hechos 9:1-6, 17-19 y contesta
las siguientes preguntas.

¡A trabajar!

11.
¿Con qué intención fue Saulo a Damasco?

12.
¿Por qué razón no llevó a cabo su plan?

a. Tuvo un encuentro con Dios como consejero

b. Tuvo un encuentro con Dios como autoridad

13.
¿Qué le sucedió a Saulo, por lo cual se dispuso a recibir con humildad las palabras del Señor a través del discípulo Ananías?

14.
Lee Hechos 22:8 y 10, y escribe las dos preguntas que Saulo le hizo al Señor, por las cuales se evidencia que tuvo un encuentro con Dios como autoridad.

TRABAJO 10

En el mundo se habla mucho de autoridad, se la ostenta o anhela, se la juzga ligeramente, y también se abusa de ella y se la pervierte. Todo esto es porque no se ha experimentado un encuentro con la fuente de la autoridad. La autoridad está en todas partes, pero si quieres conocer su fuente, debes tener un encuentro con Dios.

Saulo, ejerciendo la autoridad recibida, perseguía a los cristianos, los maltrataba, y aun avalaba la muerte de discípulos del Señor (ver Hechos 22:19-20). Esto es lo que ocurre con toda persona que recibe autoridad, sin haber tenido un encuentro con Dios como autoridad. Cabe agregar que Saulo hacía todo esto con el convencimiento de que estaba sirviendo a Dios.

> SAULO SE DIRIGÍA A DAMASCO CON LA INTENCIÓN DE ENCARCELAR A LOS CREYENTES, PERO SU PLAN SE FRUSTRÓ PORQUE TUVO UN ENCUENTRO CON EL SEÑOR JESUCRISTO.

El relato muestra a un Saulo que creía conocer a Dios, pero que en verdad lo desconocía. La pregunta *¿quién eres, Señor?*, evidencia que Saulo ignoraba por completo la identidad de aquel a quien creía estar honrando. La pregunta *¿qué debo hacer, Señor?*, refleja que Saulo desconocía la voluntad de aquel a quien creía servir. Sin embargo, todo cambió el día que Saulo tuvo un encuentro con Dios. Esas mismas preguntas también confirman que tuvo un cambio radical. Al decir *Señor*, reconoció que Jesús era el verdadero Dios y dueño de su vida. Al preguntar *qué debo hacer*, decidió someterse a la voluntad del Señor.

El encuentro que Saulo tuvo con el Señor no fue solo para obtener salvación y perdón de pecados. Eso lo hubiera dejado a mitad de camino en el cumplimiento del propósito de todo lo que el Señor tenía planeado realizar a través de su vida; pero no fue así. Saulo tuvo un encuentro revolucionario con Dios como autoridad, que lo confrontó con el señorío de Jesucristo y lo transformó para siempre en su esclavo.

Siendo Saulo un eminente doctor de la ley, se dejó ministrar por un discípulo sencillo y desconocido llamado Ananías. Esto fue posible debido a que Saulo se había encontrado con Dios como autoridad, y desde ese momento, entendió que al recibir a Ananías, se estaba sujetando al Señor mismo.

> SAULO RECIBIÓ CON HUMILDAD LA PALABRA DEL SEÑOR POR MEDIO DE ANANÍAS, PORQUE HABÍA TENIDO UN ENCUENTRO CON DIOS COMO AUTORIDAD.

Todo aquel que experimenta un verdadero encuentro con Dios, se encuentra con la autoridad misma, porque Dios es autoridad. Como resultado, alcanza a descubrir dos realidades. En primer lugar, comprende que Dios y la autoridad tienen la misma naturaleza y, por lo tanto, no pueden ser separados. Con este entendimiento, puede ver la autoridad de Dios manifestada en todas partes. En segundo lugar, reconoce que es imprescindible estar bajo autoridad, lo cual genera una actitud de sumisión a las personas que la ejercen. Antes de que un cristiano pueda someterse a la autoridad o ejercerla, primero debe tener un encuentro transformador con Dios como autoridad en esencia.

- ⮕ Un encuentro con Dios como autoridad te transforma la vida para siempre.
- ⮕ Un encuentro con Dios como autoridad te hace decidir abandonar tus ideas, planes y anhelos, para rendirte a sus propósitos.

→ Un encuentro con Dios como autoridad te identifica con la muerte de tu yo para que la vida de Cristo se exprese en ti.

→ Un encuentro con Dios como autoridad te hace libre y esclavo al mismo tiempo; libre de tu propia naturaleza y esclavo de Jesucristo, el Señor y Rey.

A todos los que salgan vencedores y me obedezcan hasta el final: Les daré autoridad sobre todas las naciones.
Apocalipsis 2:26, NTV

FIN DEL NIVEL 2 DE LOS 7 NIVELES

(SUGERIMOS CONTINUAR CON EL SIGUIENTE LIBRO DE LA SERIE: NIVEL 3 FORTALEZA)

BIBLIOGRAFÍA

Biblia Plenitud, Editorial Caribe, Nashville, TN, EE. UU., 1994.

Chafer, Lewis Sperry, edición revisada por John F. Walvoord, *Grandes Temas Bíblicos*, Outreach Publications, Grand Rapids, MI, EE. UU., 1976.

Hendriksen, William, *Comentario al Nuevo Testamento, Efesios*, Libros Desafío, Grand Rapids, MI, EE.UU., 2007.

Lacueva, Francisco, *Nuevo Testamento Interlineal Griego-Español*, Editorial CLIE, Barcelona, España, 1984.

Strong, James, *Nueva Concordancia Strong Exhaustiva*, Editorial Caribe, Nashville, TN, Miami, Florida, EE. UU., 2002.

Vine, W. E., *Diccionario Expositivo de Palabras del Antiguo y Nuevo Testamento Exhaustivo de Vine*, Grupo Nelson, Nashville, TN, EE. UU., 2007.

www.rae.es, Diccionario de la Lengua Española, Vigesimosegunda edición.

ACERCA DE LOS AUTORES

Daniel Dardano, Daniel Cipolla y Hernán Cipolla integran, junto con sus esposas, el Ministerio Generación en Conquista desde el año 1997. Sirven a la Iglesia de Jesucristo en varios países, brindando atención a los pastores y sus familias, y enseñando a los creyentes a vivir en plenitud la verdad de la Palabra de Dios. Los autores tienen la convicción de que la Iglesia es la única que representa a Cristo en el mundo y muestra en la práctica la realidad del Reino, por lo que su mayor deseo es que Cristo sea formado en los creyentes. Por esta razón, a través de su trabajo escrito quieren aportar herramientas que sean usadas por el Espíritu Santo para que se cumpla ese objetivo.

Si quieres saber más acerca de los autores o del ministerio que realizan, visita:

www.generacionenconquista.org

NOTAS

NOTAS

NOTAS

NOTAS

NOTAS

NOTAS

NOTAS

NOTAS

NIKHOS IDEAS

Ideas que transforman gente
es nuestro lema y estamos trabajando
para cumplir ese objetivo eficazmente.

Nos agradaría mucho recibir
tus preguntas y comentarios.

Escríbenos a: **contacto@nikhosideas.org**

También puedes visitar: **www.nikhosideas.org**

www.ingramcontent.com/pod-product-compliance
Lightning Source LLC
LaVergne TN
LVHW061257060426
835508LV00015B/1405